Christoph Lüdecke

07.2022

Jens Lönneker
Marco Diefenbach
Lukas Struwe

ZUKUNFTS-BAUER

**› Über die Analyse und Gestaltung
des öffentlichen Vertrauens ‹**

Vorworte 5

Von der Vergangenheit in die Zukunft

Warum Zukunfts-Bauer? 8

Die Realität der öffentlichen Meinung: Reduziert,
zugespitzt und „verbogen" 11

Die Gegenwart

Zwischen Weltuntergang und Paradies:
Bilder und Geschichten über Landwirte
in der öffentlichen Meinung 12

Narrativ I: Landwirte ruinieren die Natur 12

Narrativ II: Landwirte sind Tierquäler 15

Narrativ III: Landwirte sind Schöpfer von Bullerbü-Paradiesen 17

Narrativ IV: Dumme Bauern 19

Die Motive in den Narrativen: Landwirte als Spiegel und Projektionsfläche für eigenes Unbehagen und eigene Sehnsüchte 20

Das Unbehagen über den eigenen Lebenswandel 21

Die Sehnsucht nach einem paradiesischen Leben 21

Sorgen, den Anschluss zu verpassen 23

Selbstbilder der Bauern: Ernährer der Nation, ackernde Manager,
leidenschaftliche Naturburschen, familiäre Traditionsbewahrer 24

Landwirtschaft – Nährboden für Vorurteile:
Ein fortschrittshemmendes „Schwarzer Peter"-Spiel 26

Wege in die Zukunft

Welche Botschaften können etwas bewegen? 30

Narrativ-Konzept 1a: „Ernährer" 33

Narrativ-Konzept 1b: „Versorger" 33

Narrativ-Konzept 2: „Bewahrer der Schöpfung" 38

Narrativ-Konzept 3: „Regionale Identitätsstifter" 41

Narrativ-Konzept 4: „Mehr Lebensqualität" 44

Narrativ-Konzept 5: „Zukunfts-Bauer" 47

Diagnose für die Zukunft: Welche Botschaften können nun
etwas bewegen und haben das größte Narrativ-Potenzial? 52

Mit „Landwirte" werden in diesem Buch Personen bezeichnet, die einen eigenen landwirtschaftlichen Betrieb bewirtschaften. „Verbraucher" sind demgegenüber Personen, die nicht in der Landwirtschaft tätig sind und deren Verhältnis zur Landwirtschaft vom Verbrauch landwirtschaftlicher Produkte – in ursprünglicher und weiterverarbeiteter Form – und den damit verbundenen Erfahrungen, Einstellungen, Bildern, Erzählungen geprägt ist.

Gestaltung der Zukunft I: Neun zentrale Themen aus der Landwirtschaft

Tierwohl 57

Biologische Artenvielfalt 59

Regionaler Handel 64

Naturkreisläufe und Düngen 66

Pflanzenschutz und Pestizide 66

Erneuerbare Energien und Klimaschutz 69

Biologische Fortschritte und Züchtungen 70

Neue Technologien und Maschinen 72

Reduzierung von Flächen 74

Gestaltung der Zukunft II: Zur Psychologie des Preises

Der Preis – was ist recht und billig? Der Preis als Anforderungsprofil an die Zukunftsgestaltung der Landwirtschaft 78

Individuum: „Mind-Behaviour-Gap" 80

Gesellschaft: Avantgarde und Konventionelle 80

Was ist recht und billig für die Zukunft? 81

Der Handel – ein ziemlich bester Partner?

Handelsstufen vermitteln zwischen Produzent und Verbraucher 82

Gegenwart: Der Handel und das „Schwarzer Peter"-Spiel. Die ungreifbare Übermacht aus Sicht der Landwirtschaft 84

Der Handel als Projektionsfläche für die Landwirtschaft 84

Der Handel und die gespaltene Verbraucherseele 85

Zukunft: Der Handel als „Zukunfts-Bauer"-Medium. Unmarkiertes Terrain im Handel 87

Abbau der Entfremdung im Handel 88

Handel als Spiegel und Mitgestalter des Zeitgeists 89

Handel und Zukunfts-Bauer 90

Fazit: Zukunfts-Bauer

Ein Modell zur Analyse und Gewinnung des öffentlichen Vertrauens...91

Zum Verständnis von Narrativen...92

Mentale Werkzeuge – zum Potenzial von Narrativen...101

Kurze Anleitung zur Entwicklung von Narrativen...103

Anhang

Eckdaten zur Basis-Studie 104

In Kooperation und
durch freundliche Unterstützung
unserer Partner

 Forum Moderne Landwirtschaft

■ IMPRESSUM

Deutsche Originalausgabe:
LV.Buch im Landwirtschaftsverlag GmbH, 48084 Münster
© Landwirtschaftsverlag GmbH, Münster-Hiltrup 2022

1. Auflage 2022

Gestaltung: LV.Buch im Landwirtschaftsverlag GmbH
Fotografie: Umschlag: stock.adobe.com/sompong_tom;
S. 14: istock.com/roibu; S. 16: istock.com/funky-data;
S. 18: istock.com/gremlin

Lektorat: Melanie Suttarp, Landwirtschaftsverlag GmbH
Druck: Westermann Druck Zwickau GmbH

ISBN: 978-3-7843-5733-1
www.lv-buch.de

Neu-Land.

Kerstin Rudat, Kommunikationsprofi, Unternehmerin, Politikerin und Weltbürgerin vom Land

Das Verhältnis zum Land und zur Landwirtschaft entwickelt sich heute in einer Parallelwelt zwischen Moderne und Klischee. Der moderne Landwirt ist heute weit draußen auf dem Land und auch sinnbildlich weit weg: riesige Hightech-Ställe mit Futtercomputern, Melkmaschinen und Biogasanlagen. Mega-Landmaschinen statt kleiner roter Traktor wie in den stereotypen klischeehaften Darstellungen.

Und Moderne heißt zugleich auch: In der digitalen Transformation erfindet sich der ländliche Raum gerade neu. Im Trend sind Geschichten von Menschen, die es raus „aufs Land" zieht, dorthin wo der Luxus der Leere noch viel Entfaltungsmöglichkeit zu bieten scheint. In der Provinz sind die Nicht-Bauern jedoch inzwischen weit in der Überzahl und leben zeitgeistig urban geprägt – ohne Kühe zu melken vor dem Frühstück. Ihr Bild vom Bauernhof entspricht meist genau denselben Klischees wie denen der Städter. Denn die Landwirte führen oft ein Parallel-Leben unter ihresgleichen. Das Bedenkliche: Wirtschaftlich sehen viele oft wenig Zukunft.

Gegen diese Moderne stehen paradoxerweise die erstarrten Bild-Schablonen in der öffentlichen Wahrnehmung von Bauern, die wie eh und je auf ihrer Scholle sitzen und zuständig sind für die Idylle: blühende Rapsfelder, wogender Weizen und ein paar freundliche Kühe am Holzzaun und eben der kleine rote Traktor. So lernt man das schließlich aus Wimmelbüchern, Werbung und Bergdoktor-Klischees. Heile Welt, jeder kennt jeden und abends spielt der Großbauer mit Pfarrer und Tierarzt Skat. In diesen Stereotypen artikulieren sich oft nicht immer bewusste Sehnsüchte der nicht in der Landwirtschaft tätigen Bevölkerung, wie die Forschungserkenntnisse im vorliegenden Buch aufzeigen. Diese müssen ernst genommen werden. Denn sie prägen die öffentliche Meinung. Rein aufklärerisch wird das nicht gelingen. Es braucht eigene, neue Narrative und Bilder.

Denn die Landlust-Idylle lebt vom Stillstand, verklärten Kindheitserinnerungen und Ferien-Fantasien. Die Realität ist ganz anders. Die fängt damit an, dass auch auf dem Land heute eben kaum noch einer Hühner mit Gemüsegarten hinter dem Haus hat – möge das mal ein Kiez-Städter verstehen. Die idyllischen Raps- und Weizenfelder sind auch keine Landschafts-Deko für die Bevölkerung, sondern müssen Ertrag bringen. Die aufwendige Viehzucht ist kein Streichelzoo, sondern dient der allgemeinen Ernährung und muss ihren Preis haben. Der zukunftsfähige „Land-Bewirtschafter" braucht also Perspektiven: zum Beispiel durch neue Ertragsformen wie die der Energiegewinnung.

In der breiten Gesellschaft müssen wir deshalb schnellstens moderne Landwirte als Manager und Unternehmer verstehen. Denn innovative, zukunftsfähige Betriebe brauchen neue Ansätze, Spielraum und Akzeptanz. Wer sich zum Beispiel als Konsument Regionalität wünscht, darf nicht tief enttäuscht sein, wenn eine neue Hofanlage nicht dem Kinderbuch-Bild vom Bullerbü-Bauernhof entspricht.

Ein langer Weg ins Neu-Land: Verabschieden wir uns erst mal von Stereotypen und Vorurteilen, geben damit uns und unseren Landwirten Rückenwind für eine Zukunft, die den Zwiespalt zwischen Moderne und Klischee positiv auflöst.

Das Projekt „Zukunfts-Bauer" basiert auf Untersuchungen, die zeigen, wie wichtig es dabei ist, die öffentliche Meinung einzubinden. Ohne neue, andere Sichtweisen und Darstellungen der Landwirtschaft wird der aktuelle Stillstand und die Spaltung in der öffentlichen Meinungsbildung nicht zu überwinden sein.

Es ist viel Platz für Ideen im angesagten Lebensraum der Zukunft, finden derzeit viele Stadtmenschen und nicht zuletzt die Politik, aber eben auch die Landwirte. Und sie haben recht: Denn die Studienergebnisse rund um das Projekt „Zukunfts-Bauer" machen deutlich, dass Landwirte und Bürger großes Interesse an einer zukunftsorientierten Landwirtschaft entwickeln. Dies ist eine große Chance. Packen wir es an!

Zukunft braucht innovative Konzepte und Kooperation

Josef Sanktjohanser, Präsident des Handelsverband Deutschland (HDE)

Klima- und Umweltschutz, die Umwälzungen durch den Ukrainekrieg, der Ressourcenverbrauch sowie die globale Verteilungs- und Generationengerechtigkeit stellen das heutige Wohlstandsmodell der entwickelten Volkswirtschaften vor neue politische und marktwirtschaftliche Herausforderungen. Die gegenwärtigen Krisenszenarien verlangen ganzheitlich ausgerichtete Lösungsansätze. In der kritischen Debatte um die rein ökonomische Betrachtung von Wohlstand werden die Grenzen der Zukunftsfähigkeit des wirtschaftlichen Verhaltens in seiner herkömmlichen Form und Definition offenbar. Als Unternehmer, langjähriger REWE-Group-Vorstand und Präsident des Handelsverband Deutschland (HDE) ist mir die Bedeutung des Handels für die Zukunft in der aktuellen Transformationsphase von Wirtschaft und Gesellschaft bewusst. Ohne Zweifel spielt die Ernährungswirtschaft hier eine herausragende Rolle und der Lebensmitteleinzelhandel als Nahtstelle zum Verbraucher eine besondere. Er ist maßgeblicher Teil einer komplexen globalen Wertschöpfungskette aus Erzeugern, Produzenten, Lieferanten und Endverbrauchern. Mit seinem Einfluss ist er ein wichtiger systemischer Partner für Klimaschutz, Biodiversitätsschutz, mehr Regionalität, Fair Trade, nachhaltige Ernährung, Abfallvermeidung und Ressourcenschonung. Nicht zuletzt wirkt er durch seine vertriebliche Positionierung und sein Werbeverhalten unmittelbar auf die Konsumentscheidungen. Die Forderung nach moralisch-ethischem und ökologischem Konsum besitzt bereits im politischen und öffentlichen Raum einen hohen Stellenwert, ebenso die Debatte um faire und gerechte Preise.

Bei kritischer Betrachtung verhindern der in der Lebensmittel-Wertschöpfungskette vergleichsweise besonders intensive nationale und globale Wettbewerb, die sich dynamisch verändernden Verbraucherwünsche und die deutlich wachsenden politischen Eingriffe schnellere Transformationsschritte, über die bereits ein breiter gesellschaftlicher Konsens besteht. Daher werden in dieser Phase dringend eine bessere Zusammenarbeit zwischen der Politik, Wirtschaft und Gesellschaft, mehr Kooperation zwischen den Wirtschaftsteilnehmern sowie mehr ordnungspolitische Leitplanken einer lernenden und zukunftsorientierten Regierung benötigt. Das Projekt „Zukunfts-Bauer" ist dabei ein spannender Beitrag, weil es eine fundierte und empirisch erforschte Basis und ein spannendes Narrativ-Konzept für eine solche Zusammenarbeit zwischen den verschiedenen Parteien offeriert. Es zeigt zudem, dass ein breites Interesse an der Zukunft von Landwirtschaft und Ernährung besteht.

Zukunfts-Bauer heißt zum Beispiel auch, Wege dafür zu finden, wie neue Formen von Rechnungslegung, die in der Wissenschaft und Politik bereits vielfach diskutiert werden, in der Praxis mehr als nur eine rudimentäre Verbreitung finden können. Zukunft bauen bedeutet, sich einer größeren Komplexität zu stellen, wie sie sich bereits in neuen Accounting-Verfahren widerspiegelt, die sich aus der Vielzahl von Kriterien und Parametern gerade bei zusammengesetzten Lebensmitteln ergeben. Als ein sinnvoller erster Schritt könnte daher der Fokus auf den Klimaschutz (Paris-aligned Accounting) gelegt werden. Weitergehend kann darauf eine umfassende Einbeziehung von kritischen ökologischen Aspekten wie Biodiversität (Planetary Boundary Accounting) erfolgen. Spannend sind hier zudem die aktuellen Entwicklungen bei der EU-Taxonomie, womit nun erstmalig und sehr gezielt Kapitalströme der Finanzmärkte zur Finanzierung des Übergangs eingebunden werden.

Da die staatlichen Subventionen für die notwendigen Investitionen in die Agrarwende nicht ausreichend sind, müssen diese zur wirksamen Zielerreichung mit marktwirtschaftlichen Signalen, also vom Verbraucher akzeptierten Marktpreisen, kombiniert werden. Schließlich wird der Erfolg der neuen Produkte von ihrer Wettbewerbsfähigkeit abhängen. Dies ist ein generationenübergreifendes Projekt und kann nur gelingen, wenn die Politik, die Unternehmen und die sie repräsentierenden Institutionen zusammen agieren und staatliche Regulierung und marktwirtschaftliche Prozesse zusammengeführt werden.

Nur wenn Bürger, Unternehmen und Zivilgesellschaft ihre Innovationskraft, ihr Know-how und ihre Wissenschaftsleistungen dialog- und technologieoffen entfalten können, wird an einer attraktiven Zukunft gebaut werden können, welche die notwendigen Transformationen im Umgang mit landwirtschaftlicher Produktion bewältigt. Dies wird nicht ohne neue Vorstellungen, Bilder, Narrative von der Landwirtschaft gehen. Geben wir dem Zukunfts-Bauern eine Chance!

Mut aufs Morgen

Werner Schwarz, Vizepräsident des Deutschen Bauernverbandes

Wer kennt diese Erzählung nicht: Die industrielle Landwirtschaft ist geprägt durch Massentierhaltung und Monokulturen. Zur Gewinnmaximierung setzt sie Pestizide ein und vergüllt die ausgeräumte Landschaft. Ich habe die Anführungszeichen bei diesen Kampfbegriffen weggelassen, weil dieses nicht nur scheinbares Allgemeinwissen ist, sondern die Begriffe zugleich als Fachvokabular gesetzt sind.

Diese Worte malen wirkmächtige Bilder in die Köpfe der Menschen. Sie erklären sich von selbst. Doch sie malen ein falsches Bild, das nicht in unserem Interesse sein kann. Wenn überhaupt, malen sie ein Bild der Vergangenheit, und selbst hier sind viele Pinselstriche fehlerhaft.

Inzwischen bewegen sich nicht nur Ökolandbau und klassische Landwirtschaft aufeinander zu. Wir lernen immer besser, Boden und Gewässer zu schützen. Wir integrieren Artenvielfalt und Landschaftsschutz in unsere Betriebe. Wir gehen auf die Bedürfnisse unserer Tiere ein wie nie zuvor. Wir nutzen dazu modernste Technik, kombinieren bewährte mit neuen Methoden und erhalten so die hohe Effizienz, die unseren Betrieben eine Wirtschaftlichkeit im Hochlohn- und Niedrigpreisland ermöglicht.

Doch niemand weiß all dies! Denn die Narrative, die Geschichten über uns sind wirkmächtiger als die Geschichten, die von uns kommen. Es wird Zeit, dass beides wieder zusammenpasst.

Die Gelegenheit ist da: Denn es ist etwas in Bewegung, wir wollen den Moment und das Momentum nutzen.

Der Moment: Die Chancen sind so gut wie lange nicht, seit manche unserer Kritiker durch die Zukunftskommission Landwirtschaft bereit sind, ihre Negativ-Narrative zu überdenken. Weil sie erkannt haben, dass die alten Geschichten zwar weiterhin ziehen, aber eben nicht die erwünschte Wirkung erzielen, nämlich mehr Natur, Klima- oder Artenschutz. Dazu braucht es Bäuerinnen und Bauern, und die hält man nicht mit niedrigen Erzeugerpreisen und einer medialen Dauerkritik.

Das Momentum: Es ist etwas in Bewegung – gesellschaftlich, aber auch fachlich. Das Gemeinsame gewinnt in unserer im Tiefsten individualistisch geprägten Gesellschaft wieder an Wert, Bedeutung. Sicher haben die Weltkrisen dazu beigetragen, aber auch die Erkenntnis, dass der Klimaschutz beispielsweise nicht an Grenzen oder Wirtschaftssektoren Halt macht, sondern nur gemeinsam angegangen werden kann.

Nutzen wir Moment und Momentum, um auch in der Eigendarstellung den Weg in die Zukunft zu beschreiten. Gehen wir offen, echt und ehrlich auf die Gesellschaft zu. Das steckt an. Denn die Zukunft kann gestaltet werden! Wir alle können sie mitgestalten.

Die Grundlage des „Zukunfts-Bauern" ist, dass eine Idee sich von selbst verbreitet. Weil sie gut ist, weil sie notwendig ist, weil sie in die Zeit passt. Und weil sie ein Bild malt, das der Bürger, die Bürgerin, intuitiv versteht, begeistert aufnimmt und gern weitergibt. Eine Idee, die eine Lösung bietet, statt Angst zu machen. Die zeigt, was geht, statt zu kritisieren, was nicht geht. Die endlich wieder gangbare Wege aufzeigt, statt weiterhin Straßen- und Denkblockaden aufzubauen.

Mein Eindruck ist, dass die Menschen sich nach Lösungen, Sicherheiten und Perspektiven sehnen. Wir können diese in unserem kleinen, aber nicht unwichtigen Sektor bieten. Wir bekommen es hin, Schutz und Nutzen zu vereinbaren. Wir können einen Beitrag dazu liefern, die Welt besser zu machen. Wir haben Mut und Ideen für die Zukunft und wir setzen sie um. Wir können in dieser schweren, fast entmutigenden Zeit ein kleines Beispiel dafür geben, dass die Zukunft Chancen bietet und wie man sie wahrnehmen kann. Wir bieten Verlässlichkeit und zugleich Mut aufs Morgen. Wir sind die Zukunfts-Bauern. Machen Sie mit!

Warum Zukunfts-Bauer?

Wenn die politische Führung heute die Bürger auf den größten Umbruch seit 100 Jahren einstellt,[1] geht es um die Zukunft. Dafür braucht es Zukunfts-Bauer.

Bestehende Produktionsweisen stehen vor dem Hintergrund neuer Forschungserkenntnisse, neuer Technologien und neuer Klimaziele generell auf dem Prüfstand. Es geht darum, die Zukunft neu und anders zu gestalten, aber auch zu prüfen, was weiterbestehen soll. Für das Handeln in der Wirtschaft sind die generellen Auswirkungen auf Klima und Natur dabei ein zentraler Faktor.[2]

Was wir essen und wie wir es produzieren, nimmt dadurch in der öffentlichen Diskussion einen großen Raum ein. Der gesellschaftliche Umbruch wird über die Diskussionen zur Ernährung unmittelbar deutlich. Er geht sozusagen durch Magen, Portemonnaie und Einkaufswagen. Die Landwirtschaft und ihre Produktionsweisen stehen dadurch im „Brennpunkt" der öffentlichen Diskussionen und gesellschaftlichen Konfliktlinien rund um den Umbruch. So widersprechen sich die unterschiedlichen Auffassungen von konservativen Bürgern, Fridays for Future-Aktivisten, konventionelle Landwirtschaft betreibenden Bauern, Tierschützern, Ernährungsexperten und anderen in vielen Punkten.

Dennoch ist sich eine große Mehrheit der Landwirte und der Bevölkerung darin einig, dass sie sich eine zukunftsorientierte Landwirtschaft wünscht: Fast zwei Drittel der Bevölkerung und der Landwirte stimmen dafür. Der Wunsch nach einer Ausrichtung und Orientierung an der Zukunft kann somit über alle unterschiedlichen Auffassungen hinweg eine gemeinsame Gesprächsbasis bilden. Eine Gesprächsbasis hat psychologisch betrachtet immer auch das Potenzial, Gräben zwischen unterschiedlichen Positionen überwinden zu helfen. Die Basis ist hier: Die meisten Menschen wollen gerne Zukunfts-Bauern in Aktion sehen und vielleicht auch sein. Der Begriff „Zukunfts-Bauer" entfaltet hier noch einmal einen spezifischen Dop-

---

[1] Regierungserklärung von Bundeskanzler Olaf Scholz vor dem Deutschen Bundestag am 15. Dezember 2021 in Berlin. Unter https://www.bundesregierung.de/breg-de/suche/regierungserklaerung-von-bundeskanzler-olaf-scholz-1992008, abgerufen am 10.01.2022.
[2] https://www.blackrock.com/de/privatanleger/uber-blackrock/fortschritte-bei-nachhaltigkeit, abgerufen am 10.01.2022.

pelsinn, weil es Bauern sind, die hier an der Zukunft der Landwirtschaft arbeiten und bauen – die man auch als Nicht-Landwirt unterstützen kann und möchte.[3] Die Landwirtschaft überzeugt in ihrer heutigen Wahrnehmung allerdings nicht unbedingt in puncto Zukunftsausrichtung. Denn nur 26 Prozent der Landwirte und 28 Prozent der Gesamtbevölkerung bewerten die Zukunftsorientierung der Landwirtschaft zurzeit positiv. Es besteht also eine große Kluft zwischen Wunsch und Wirklichkeit!

In der öffentlichen Diskussion findet sich eine solche Diskrepanz zwischen Wunsch und Wirklichkeit bei der Zukunftsausrichtung auch auf anderen Feldern in Deutschland: So fällt das Land etwa bei der Digitalisierung der Gesellschaft im internationalen Vergleich zurück, obwohl die Öffentlichkeit Deutschland hier gerne weiter vorne sähe:

„Es wird zwar viel über Digitalisierung gesprochen, aber es passiert zu wenig."[4]

Weitere Felder, in denen Wunsch und Wirklichkeit in der öffentlichen Diskussion auseinanderdriften, sind z. B. die Verkehrsinfrastruktur, das Steuer- und Baurecht oder die Innovationsbereitschaft deutscher Unternehmen.[5] Dieses Buch beschäftigt sich in erster Linie mit den Hintergründen für die Gräben zwischen Wunsch und Wirklichkeit im Umfeld der Landwirtschaft – und damit, wie man diese überwinden kann. Die Erkenntnisse zur Landwirtschaft lassen sich als spannenden Prototypen betrachten: Was kann man hier lernen, um auch in anderen Bereichen eine stärkere Zukunftsorientierung zu erreichen und im öffentlichen Meinungsbild attestiert zu bekommen?

Gesellschaftliche Umbrüche gehen mit Wünschen und Sorgen der Bürger einher, die sich in den Geschichten und Bildern niederschlagen, die sie

LANDWIRTSCHAFT AKTUELL UND IN ZUKUNFT

Wie zukunftsorientiert sehen Sie die Landwirtschaft aktuell?

Wie zukunftsorientiert wünschen Sie sich die Landwirtschaft?

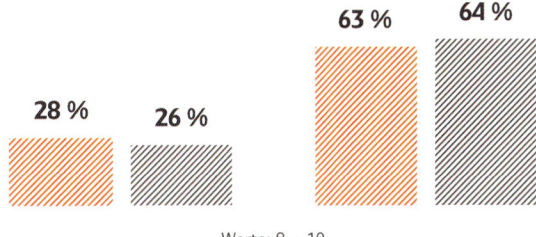

28 % 26 % 63 % 64 %

Werte: 8 – 10

Sehr zukunftsorientiert

Basis: Alle Verbraucher (n = 501) & Alle Landwirte (n = 116)

Quelle: rheingold salon

[3]https://lamarqueduconsommateur.com/bravo-a-tous-le-lait-cree-tous-ensemble-est-le-plus-vendu-de-france/ abgerufen am 10.01.2022.
[4]Manager Magazin: Deutschland fällt in Digital-Ranking auf vorletzten Platz Europas. https://www.manager-magazin.de/politik/digitalisierung-deutschland-in-ranking-auf-vorletztem-platz-in-europa-a-f0a7ef16-8903-4d9a-90c8-f72d732b8b9c abgerufen am 10.01.2022.
[5]Loenneker, Jens (2021): Deutschland – ein Land der Ideen ohne Umsetzung?, IN: Markenverband: markenartikel. Das Magazin für Markenführung, Ausg. 7/2021, S. 114 -115.

erzählen. Wenn bestimmte Bilder und Geschichten sich immer weiter verbreiten und die öffentliche Meinung stark prägen, kann man sie als „Narrative" bezeichnen. Bei Narrativen handelt es sich in der Definition von Nobelpreisträger Robert J. Shiller um Geschichten, die besonders „ansteckend" sind und sich daher besonders schnell und stark in Gesellschaften verbreiten.[6] Narrative können sich ähnlich schnell und exponentiell ausbreiten wie Pandemien. Narrative nehmen durch ihre „Ansteckungsfähigkeit" starken Einfluss auf die öffentliche Meinung und auf die Art und Weise, wie Gesellschaften Ereignisse und Entwicklungen wahrnehmen.

NARRATIVE ECONOMICS: WHAT'S IN A PHRASE?

1. The word-of-mouth contagion of ideas in the form of stories
2. The efforts that people make to generate new contagious stories or to make stories more contagious.

Bilder und Geschichten sind in Form von Narrativen daher für den Prozess der öffentlichen Meinungsbildung sehr wichtig. Ein gesellschaftlicher Umbruch braucht attraktive Narrative, um ihn zukunftsorientiert zu gestalten. Denn Narrative können es plausibel machen, die Landwirtschaft auf die Zukunft auszurichten und dazu motivieren, mitzumachen. Im Mittelpunkt dieses Buches steht daher die öffentliche Meinung zur Landwirtschaft. Es geht dafür immer wieder auf die erzählten und erzählbaren Geschichten und Bilder im öffentlichen Meinungsbild ein. „Zukunfts-Bauer" hat sich dabei als ein Ansatz erwiesen, der ein spannendes Narrativ-Potenzial für die Landwirtschaft entwickelt.

KURZGEFASST:

Warum „Zukunfts-Bauer"?
Zukunfts-Bauern sind auf drei Feldern sowohl für die Landwirtschaft als auch für die Gesellschaft insgesamt relevant:

1. *Zur Zukunftsgestaltung im gesellschaftlichen Umbruch.*
2. *Bei der Behandlung der großen Diskrepanzen zwischen Wunsch und Wirklichkeit.*
3. *Für die Entwicklung von Narrativen, die in der öffentlichen Meinungsbildung Stillstand überwinden und etwas bewegen.*

---

[6] Shiller, Robert J.: narrative economics. How Stories Go Viral and Drive Major Economic Events. Princeton University Press, 2019.

DIE REALITÄT DER ÖFFENTLICHEN MEINUNG:
REDUZIERT, ZUGESPITZT UND „VERBOGEN"

Ausgangspunkt und wesentliche Basis für dieses Buch sind empirische Untersuchungen zur öffentlichen Meinung über die Landwirtschaft in Deutschland aus den Jahren 2020/21.[7] Für diese Untersuchungen wurden im Zeitraum von Juni bis August 2020 und November 2020 bis Januar 2021 insgesamt 1.308 Bürger in qualitativen und quantitativen Untersuchungen befragt. Darunter waren 275 Landwirte und 1.033 Personen aus der übrigen Bevölkerung.

Ein zentrales Ergebnis dieser Untersuchungen: Im Mittelpunkt der öffentlichen Meinungsbildung über die Landwirte stehen stereotype Geschichten und Bilder. Weil sie die öffentliche Meinungsbildung stark prägen, handelt es sich um Narrative. Diese Narrative haben in ihrer Zuspitzung nur noch einen reduzierten Bezug zur tatsächlichen Realität der Landwirte. Die wissenschaftliche Forschung zu Stereotypen und Vorurteilen hat früh herausgearbeitet, dass Stereotype und Vorurteile einen solchen Realitätsmangel aufweisen.[8] Hinzu kommt: Narrative reduzieren nicht nur den Bezug zur Realität, sie formieren sie neu und anders und spitzen sie zu.[9]

Gerade in dieser zugespitzten Form haben Narrative in der öffentlichen Meinungsbildung eine enorme und letztlich sehr reale Wirkung. Sie bilden sozusagen eine zweite Realität. Landwirte werden mit dieser „verbogenen", stereotypen Realität in ihrem Alltagsleben immer wieder konfrontiert. Narrative verdichten sich dabei in plakativen Darstellungen wie einem Traktor mit Gülleanhänger, toten Puten im Mastbetrieb oder einer Sonnenblume. Diese plakativen Darstellungen funktionieren psychologisch wie Symbole. Medien können diese Symbole nutzen, um Narrative erfolgreich zu verbreiten. Wenn Medien diese Symbole immer wieder zeigen, prägen sie am Ende die Wahrnehmung der Landwirtschaft in der öffentlichen Meinung.

Mit Aufklärung und rationalen Argumenten über die tatsächliche Realität lassen sich Narrative kaum beeinflussen – wie Forschungsergebnisse immer wieder zeigen.[10] Denn Narrative bedienen tiefere, versteckte Motive von vielen Menschen.[11] In diesem Buch werden daher zunächst die bestehenden Narrative beschrieben, um dann in den nächsten Schritten zu ermitteln, aufgrund welcher tieferen Motive die Öffentlichkeit so an ihnen hängt und welche alternativen Darstellungen entwickelt werden können.

---

[7] Zukunfts-Bauer – Über die Analyse und Gestaltung des öffentlichen Vertrauens; ursprünglicher Arbeitstitel „Wertschätzung für die Landwirtschaft nach dem Corona-‚Schock'".
[8] Horkheimer, Max, Adorno Theodor W., Dialektik der Aufklärung. Verlag S. Fischer. Berlin, 1947.
[9] Barthes, Roland, Mythen des Alltags. Suhrkamp Verlag Berlin, 2010.
[10] Decker, Oliver, Brähler, Elmar (Hrsg.) Autoritäre Dynamiken. Alte Ressentiments – neue Radikalität. Leipziger Autoritarismus Studie 2020, Psychosozial Verlag, Gießen, 2020. Allport, Gordon W., Kiepenheuer & Witsch, Köln 1971.
[11] Heinz Lohmann Stiftung, Öffentliche Meinung in der Krise. Eine tiefenpsychologische Studie des rheingold salon im Auftrag der Heinz Lohmann Stiftung. Visbeck, 2015.

Zwischen Weltuntergang und Paradies

Bilder und Geschichten über Landwirte in der öffentlichen Meinung

Die empirischen Untersuchungen zur öffentlichen Meinung über die Landwirtschaft haben vier wesentliche Narrative ermittelt, die die Interviewten immer wieder angesprochen haben. Die Narrative beschreiben dabei nicht die tatsächliche Realität oder das Selbstbild der Landwirte. Vielmehr handelt es sich bei den Narrativen um stereotype Bilder und Geschichten, die in der Öffentlichkeit über die Landwirte erzählt werden. Es ist der Blick der Anderen – also das Fremdbild auf die Landwirte. Dieses Fremdbild greift einzelne Facetten der landwirtschaftlichen Realität heraus und spitzt sie zu. Das Fremdbild ist nicht einheitlich, sondern lässt sich in vier Narrative aufgliedern.

„Auf die Landwirtschaft werden unterschiedliche Bilder projiziert, die ein Spiegelbild vieler Hoffnungen und Sorgen im Rest der Bevölkerung darstellen."

NARRATIV I

Bauern sind diesem Narrativ zufolge maßgeblich für negative Folgen der landwirtschaftlichen Nutzung des Bodens verantwortlich. Im Vordergrund stehen dabei vor allem zwei Komplexe: die Überdüngung des Bodens und der Rückgang der Artenvielfalt.

Die Überdüngung des Bodens zeigt sich demnach etwa in kritischen Einträgen von Stoffen wie Nitrat ins Grundwasser oder schwierigen Rahmenbedingungen in Oberflächen-Gewässern, weil dort der Dünger aus der Landwirtschaft den Pflanzenwuchs zu sehr stimuliert. Besonders stark verdichtet sich dieses Narrativ im Bild eines Traktors mit Anhänger, der auf einem Feld Gülle ausbringt. Diese Darstellung hat Symbolcharakter und ruft meist sofort negative Emotionen hervor. Psychologisch unterstützt dabei zudem der assoziierte Gestank der Gülle die kritische Wahrnehmung.

„Landwirte
ruinieren die Natur."

„Landwirte
sind Tierquäler."

Landwirte verwenden Pflanzenschutzmittel (besonders problematisch in der öffentlichen Diskussion und negatives Symbol für die Kritiker: Glyphosat), die nach dem öffentlichen Meinungsbild zu einem Rückgang der Artenvielfalt führen. Auch die Verringerung der sogenannten „Blühstreifen" an den Feldrändern spielt in der öffentlichen Diskussion eine große Rolle. Symbolisch verdichtet sich dieser Komplex besonders stark in den Darstellungen über das Bienensterben, das die Landwirte nach diesem Narrativ maßgeblich mitverursachen. Da die Bienen einen wesentlichen Anteil zur Bestäubung der Pflanzen beisteuern, stehen sie psychologisch für mehr als ihre Art allein: Mit ihnen steht und fällt bildlich die Fruchtbarkeit und Zukunft der Erde.

NARRATIV II

Der Umgang mit Tieren ist in Deutschland ein Thema, das in der öffentlichen Diskussion starke Beachtung findet.[12] Während dies für Haustiere wie Hunde und Katzen schon seit Jahren galt, rückt in jüngster Zeit auch die Behandlung von Nutztieren vermehrt in den Fokus öffentlicher Beachtung. Die Landwirte stehen hier grundsätzlich im Verdacht, den Tierschutz zugunsten von ökonomischen Vorteilen zu vernachlässigen. Die öffentliche Diskussion sieht sie u. a. stark in der Verantwortung für grausame Praktiken wie Mast und Tierhaltung in fabrikähnlichen Kontexten, lange und nicht artgerechte Tiertransporte, das Schreddern männlicher Küken: Wirtschaftlichkeit hat nach diesem Narrativ Vorrang vor Tierwohl. Auch hier finden sich inzwischen stereotype Muster, um dieses Narrativ in den Medien darzustellen: Dazu gehören heimliche Filmaufnahmen, sich gegebenenfalls ohne Wissen der Landwirte Zutritt in die Ställe zu verschaffen, um dann elende Haltungsbedingungen für die Tiere aufzuzeigen. Filmaufnahmen von ordnungsgemäßen Ställen finden dagegen praktisch keine Abnehmer, wie der Journalist Jan Grossarth in einer Nach-Recherche aufgezeigt hat.[13] Ein weiteres Symbol für einen quälenden Umgang mit Tieren sind die Schweine in Kastenhaltung. Der Kasten setzt die Beengtheit der Verhältnisse und die Unfreiheit der Tiere psychologisch eindrücklich

---

[12] https://de.statista.com/statistik/daten/studie/954919/umfrage/beachtung-von-guetesiegeln-beim-lebensmittelkauf-in-deutschland/, https://www.vzbv.de/sites/default/files/downloads/Tierschutz-Umfrage-Ergebnisbericht-vzbv-2016-01.pdf, https://www.bpb.de/themen/umwelt/bioethik/175477/schwerpunkt-tierethik/ Alle abgerufen 21.03.2022.

[13] Jan Grossarth, „Die Putenministerin", Frankfurter Allgemeine Zeitung vom 26.03.2011 – Beitrag wurde ausgezeichnet mit dem Medienpreis Politik 2011 des Deutschen Bundestages.

„Landwirte
sind Schöpfer
von Bullerbü-
Paradiesen."

in Szene. Eng verbunden mit Mast und Tierhaltung werden zudem problematische Rahmenbedingungen in Schlachthöfen. Auch hier steht in der öffentlichen Meinungsbildung ein grausamer Umgang mit Tieren im Fokus. Ausbeuterische Rahmenbedingungen für die Beschäftigten befeuern die Debatte.

NARRATIV III

In der öffentlichen Meinungsbildung stehen Öko- bzw. Biobauern demgegenüber für einen positiven Umgang mit Boden, Pflanzen und Tieren. Die Assoziationen zu einem Biobauernhof entwickeln dabei ebenfalls stereotype Züge: Die Vorstellung ist meist, dass ein Ehepaar – Mann und Frau – den Hof führen und sich mit großem Engagement ihrer Arbeit widmen. Oft sind in der idealisierten Vorstellung auch noch Großeltern dabei, die unterstützen. Auf dem Biohof gibt es in diesem stereotypen Bild alle möglichen Tiere von Hühnern, Schafen, Ziegen bis hin zu Kühen – allerdings keine „Massentierhaltung". Praktisch nie taucht die Idee auf, dass auf dem Biohof auch geschlachtet wird. Das Leben auf dem Hof verläuft in diesen Vorstellungen generell nicht im modernen Alltags-Stress wie in der sonstigen Wirtschaftswelt, sondern im Einklang und im Rhythmus mit der Natur. Diese Vorstellungen entwickeln eine Nähe zur heilen Bullerbü-Welt in den Kinderbüchern von Astrid Lindgren.[14]

Ökobauern werden weiter im Umfeld von sogenannten „Ökos" angesiedelt. Der Preis einer ökologisch orientierten Grundhaltung besteht in der öffentlichen Diskussion darin, dass sich „Ökos" wenig attraktiv kleiden (können). Außerdem ernähren sie sich stärker von natürlichen Basisprodukten wie Körnern, Nüssen, Obst, Gemüse. Sie vermeiden demnach bereits weiterverarbeitete Produkte, die vielleicht nicht so gesund sind, aber „lecker" schmecken. Im Kern geht psychologisch mit der ökologischen Orientierung daher immer auch latent ein Verzicht an lustvollen Momenten einher. Da Bioprodukte überwiegend teurer sind, umgibt die Öko- und Biobauern zudem immer auch etwas Elitäres: Das Bioparadies muss man sich demnach auch leisten können. Symbole und Codes für

---

[14] Lindgren, Astrid: Wir Kinder aus Bullerbü, Oetinger, Hamburg, 1954.

„Bauern sind dumm."

dieses Narrativ haben sich gesellschaftlich nur bedingt ausgebildet. Die Sonnenblume ließe sich dazu zählen. Sie steht psychologisch für eine freundliche, positiv-sonnige Grundhaltung, die aber auch von einer gewissen Naivität geprägt ist. Freudig im Freien herumlaufende Tiere sind zudem Symbole, die Medien als Indiz für ein Bio-Bullerbü-Paradies nutzen.

NARRATIV IV

Thematisch ein wenig abseits der aktuellen Konfliktlinien rund um die Landwirtschaft, ranken sich in der Öffentlichkeit die Bilder und Geschichten immer wieder auch um „dumme Bauern". Im Mittelpunkt dieser vermutlich schon lange bestehenden Vorstellungen stehen dabei Bauern, die nur über einen geringen Bildungsstand verfügen. Diese Vorstellungen lassen sich vielleicht darauf zurückführen, dass die arbeitsreiche Landwirtschaft immer schon helfende Hände brauchte und die Nachkommen in der Landwirtschaft eher früher als später die Schulen verlassen haben. Heute bewirtschaften nur noch wenige Personen die Höfe mit großem Einsatz von moderner Technologie. Landwirte verfügen daher meist über eine sehr gute Ausbildung. In der öffentlichen Wahrnehmung ist dies aber noch nicht richtig angekommen.

Vielmehr steht im Fokus, dass Landwirte einen harten Berufsalltag jenseits des gesellschaftlichen Mainstreams ausüben, in dem sie oft allein oder nur in einem sehr kleinen persönlichen Umfeld arbeiten. Aus Sicht der Nicht-Landwirte führt dies nun dazu, dass einige der Landwirte ein wenig seltsam und eigenbrötlerisch daherkommen. Aktuell erfahren solche Bilder und Geschichten eine starke Beachtung im TV-Format „Bauer sucht Frau". Landwirte erscheinen dem Rest der Gesellschaft dabei schwer vermittelbar. In der öffentlichen Wahrnehmung sind Landwirte vor diesem Hintergrund meist nicht besonders smart und fortschrittsorientiert. Die oft hohe technologische Kompetenz in der Landwirtschaft ist dementsprechend kaum repräsentiert.

Die Motive in den Narrativen

Landwirte als Spiegel und Projektionsfläche für eigenes Unbehagen und eigene Sehnsüchte

Die Narrative über die Landwirte haben alle ihre realen, konkreten Wurzeln. Sie sind daher nicht zufällig entstanden. Zugleich kennzeichnet die Bilder und Geschichten jedoch auch etwas Überzeichnetes und Stereotypes. Dies zeigt sich im Abgleich mit der tatsächlichen Realität: Denn nicht alle Landwirte mit konventioneller Tierhaltung sind Tierquäler, auch Biobauern schlachten oder müssen schlachten lassen. Welchen Sinn ergibt dann die Überzeichnung? Was sind die „tieferen Motive"? In den Narrativen spiegeln sich generelle Wünsche und Sorgen vieler Menschen. Diese Wünsche und Sorgen werden auf den Berufsstand der Landwirte projiziert und

Projektion bedeutet in der Psychologie, dass Menschen empfundene eigene Regungen und Empfindungen, anstatt an sich selbst, meist unbewusst an anderen festmachen, also auf sie projizieren. Im vorliegenden Fall „projizieren" Menschen also ihr eigenes Empfinden auf die Berufsgruppe der Landwirte.

Bei projizierten Regungen und Empfindungen handelt es sich, zumindest in Teilen, um solche, die den Menschen an sich selbst unangenehm sind und die sie daher nicht mögen. Durch die Projektion auf Andere – hier auf die Berufsgruppe der Landwirte – will man sich von ihnen ´befreien´.

Auf die Landwirte übertragen, können diese Regungen dann kritisch beurteilt und behandelt werden. Statt an sich selbst, werden sie an anderen abgearbeitet. Positive Projektionen repräsentieren demgegenüber eher nicht gelebte eigene Wünsche.

an ihm „behandelt". Da die Projektionen nicht bewusst erfolgen, lassen sie sich nur implizit und über Indizien aufzeigen. Letztlich behalten sie daher einen hypothetischen Charakter, wenn auch einen sehr plausiblen.

DAS UNBEHAGEN ÜBER DEN EIGENEN LEBENSWANDEL

Welche Wünsche und Sorgen werden aber auf die Landwirte projiziert? Die Interviews mit nicht in der Landwirtschaft tätigen Bürgern zeigen zum Beispiel, dass diese häufig selbst latent ein mehr oder weniger schlechtes Gewissen angesichts ihres Wurst- und Fleischkonsums haben. Sie wissen auch, dass sie durch den Kauf von preiswerten tierbasierten Produkten eher die problematischen Aufzucht- und Schlachtbedingungen unterstützen. Im normalen Lebensalltag ist dies für die Interviewten jedoch überwiegend kein Thema, es ist nicht permanent Teil des bewussten Handelns. Vielmehr grenzen sie ihr Wissen darum mehr oder weniger aus dem Alltag aus – und schieben den Landwirten das Problem zu. Skandale in der Tierhaltung ermöglichen es dann, das latente Unbehagen aufzugreifen und in Form von Empörung gegenüber den Landwirten zu behandeln. Zugleich erreicht dieses Verhalten, dass bei aller Empörung trotzdem weiterhin günstige Fleisch- und Wurstprodukte gekauft werden können.

Ein ähnlicher Hintergrund lässt sich auch bei den Sorgen um die Naturzerstörung ausmachen: Auch hier zeigen die Gespräche mit den Bürgern, dass sie sich darüber im Klaren sind, sich nicht „klimaneutral" zu verhalten. Flugreisen in den Urlaub, Fahrten mit dem Auto, die eigene Wasserverschwendung oder der Kauf von „gespritzten" Lebensmitteln kennzeichnen ein weitverbreitetes Verhalten, das die meisten Menschen nur ungern aufgeben. An den Landwirten kann dann wieder ein problematischer Umgang mit der Natur abgehandelt werden – ohne das eigene Handeln in großem Umfang zu verändern.

DIE SEHNSUCHT NACH EINEM PARADIESISCHEN LEBEN

Wie ist es aber bei den positiven Bildern und Geschichten zu den Ökobauern? Im Vordergrund stehen hier idealisierte Vorstellungen von einer heilen Welt. In den Interviews wurde deutlich, dass diese Vorstellungen einer Sehnsucht nach einer stressfreien Lebensweise entsprechen, die mehr im „Einklang mit der Natur" steht. Beschreibungen wie „ausgewogen", „harmonisch", „in sich ruhend" illustrieren die ersehnten Zustände, die viele Menschen mit einem Leben auf einem Öko- und Biobauernhof verbinden. Es handelt sich hier daher auch nicht um Projektionen unangenehmer Regungen, sondern um Wünsche und Sehnsüchte.

Den gesellschaftlichen Hintergrund hierfür bildet eine Veränderung der erlebten Alltagsbelastung. Der Alltag ist „grau", hieß es noch vor einigen Jahren. Heute ist die gängige Erfahrung meist ein „stressiger Alltag". Die Idealisierung der Öko- und Biobauern-Welt lässt sich daher auch so verstehen, dass hier psychologisch Sehnsüchte nach weniger belastenden Lebensumständen zum Ausdruck kommen.[15]

Dabei haben die Idealisierungen von Biobauern durch die nicht in der Landwirtschaft tätige Bevölkerung viele Gemeinsamkeiten mit anderen Narrativen und Mythen aus der europäischen Kulturtradition. Die gute Natur gegenüber der „bösen" Zivilisation war ein Motiv, das schon in der Romantik, aber auch bei einem der großen Begründer der Aufklärung, Jean-Jacques Rousseau, eine große Rolle spielte. In der christlichen Tradition spielt der Garten Eden vor dem Sündenfall ebenso mit diesem Komplex: Es ist der sündige, menschliche Eingriff, der die paradiesische, intakte Welt zerstört. Ausläufer dieser Bilder und Geschichten lassen sich auch in der „Aussteiger"-Literatur wiederfinden.[16] Dort beschreiben die Autoren meist, dass sie sich zu ihrem eigenen Glück von ihrem bisherigen Leben verabschiedet haben und auf dem Land oder in den Bergen in ein neues Lebenskapitel im Einklang mit den natürlichen Gegebenheiten gestartet sind.

Das wirft die Frage auf, warum nicht viel mehr Menschen diesen Beispielen folgen und ein glückliches Leben im Einklang mit der Natur führen. Die Interviews zeigen, dass die Befragten auch die Kehrseiten eines naturverbundenen Lebens durchaus sehen: weniger Annehmlichkeiten der Zivilisation sowie viel Arbeit und Mühen. Der Preis für ein Leben im

---

[15] Heinz Lohmann Stiftung, Öffentliche Meinung in der Krise. Eine tiefenpsychologische Studie des rheingold salon im Auftrag der Heinz Lohmann Stiftung. Visbeck, 2015.
[16] Back to the Land - Outdoorleben für moderne Aussteiger. Für alle, die vom Aussteigen träumen, naturbewusst und nachhaltig leben wollen. Zurück zur Natur! Gebundene Ausgabe – 1. April 2020 von Nadine Haertl (Autorin).

Einklang mit der Natur erscheint daher hoch. Psychologisch ist es also für viele Menschen reizvoller, durch die Idealisierung der Ökobauern und den Konsum ihrer Bioprodukte ein wenig an der Aura des guten Natürlichen zu partizipieren, aber weiterhin von den Annehmlichkeiten eines Lebensalltags in einer modernen Zivilisation zu profitieren.

SORGEN, DEN ANSCHLUSS ZU VERPASSEN

Viele der befragten Bürger erleben ihre Lebenswelt in einem rapiden Wandel: Genannt werden u.a. Digitalisierung, neue flexible Arbeitsformen, Veränderungen im Miteinander durch die Pandemie, Homeschooling, Datingportale. Das Tempo der gesellschaftlichen Entwicklungen hat im Empfinden vieler zugenommen. Es ist vor diesem Hintergrund psychologisch entlastend zu sehen, dass es auch anderen Menschen – wie hier einem Teil der Landwirte – nicht leichtfällt, mitzuhalten. In den Narrativen von dummen, eigenbrötlerischen Bauern, die keine Frau finden, schwingt jedoch zudem auch ein Herabsehen, Sich-lustig-Machen und ein Moment der Abwertung der Landwirte mit. Die Entwertung von Personen stellt in der Psychologie eine Art Gegenpol zur Idealisierung dar, wie sie sich etwa bei den Ökobauern zeigt. Angesichts eigener Sorgen, an gesellschaftlichem Wert und Relevanz zu verlieren, sind Abwertungen und Vorurteile gegenüber anderen gesellschaftlichen Gruppen ein bekanntes Phänomen. Auch hierfür können die Landwirte zum Spiegel bzw. zur Projektionsfläche werden.

Selbstbilder der Bauern

Ernährer der Nation, ackernde Manager, leidenschaftliche Naturburschen, familiäre Traditionsbewahrer

Landwirte haben eigene Vorstellungen von ihrer beruflichen Tätigkeit. Diese Darstellungen verbleiben jedoch überwiegend im Umfeld der Landwirte und werden bislang kaum Gegenstand von Narrativen der öffentlichen Meinungsbildung.

Sowohl Nicht-Landwirte als auch Landwirte wünschen sich jedoch eine zukunftsorientiertere Ausrichtung der Landwirtschaft. Neue Leitbilder und Narrative für die Zukunft der Landwirtschaft und der Ernährung sollten nicht gegen die Landwirte entwickelt werden, sondern mit ihnen – es sei denn, man wollte große Widerstände in Kauf nehmen. Ein Abgleich mit den bestehenden Selbstbildern ist daher hilfreich. Denn ein Zukunfts-Bauer-Narrativ sollte für die Landwirte attraktiver sein als ihre aktuellen Selbstbilder.

Wie sehen die Selbstbilder der Landwirte aus, was sind ihre Geschichten? Viele Landwirte sehen sich in einer besonderen gesellschaftlichen Rolle. Denn aus ihrer Sicht stellen sie nicht einfach beliebige Produkte her. Vielmehr sind sie Ernährer, die dafür sorgen, dass jeder etwas zu essen auf den Tisch bekommt. Hier machen Landwirte in der Selbstwahrnehmung im wahrsten Sinne des Wortes einen „Riesen-Job", weil sie mit wenigen Personen sehr große Flächen oder Tierbestände bewirtschaften und so dazu beitragen, dass Lebensmittel erschwinglich sind. Als Ernährer und Versorger der Bevölkerung erwarten viele Landwirte daher eigentlich eine höhere Wertschätzung als die, die ihrer Ansicht nach in der öffentlichen Meinung zurzeit zum Ausdruck kommt. So sind sie enttäuscht darüber, dass die Wahrnehmung ihres Berufsstandes in der Bevölkerung nicht positiver ausfällt und statt mehr Anerkennung ihrer Leistung sogar der Preisdruck auf ihre Produkte eher zunimmt.

Die Anforderungen an eine moderne Bewirtschaftung der Höfe sind zudem heute hoch und komplex. Landwirtschaft ist heute „Hightech" und erfordert darüber hinaus Managementqualitäten. Die Alltagsrealität der Landwirte steht daher vielfach in einem harten Kontrast zum Bild vom „dummen Bauern" in den Medien.

Schmerzlich erleben viele Bauern, dass man ihnen einen problematischen Umgang mit Böden und Tieren vorwirft. Immer wieder betonen Bauern in den Gesprächen, dass sie ihre eigenen Lebensgrundlagen zerstören würden, wenn sie mit Böden und Tieren nicht pfleglich umgingen. Herausgestellt werden dann z. B. das jahrelange Zusammenarbeiten mit den Wasserwerken vor Ort, die großen getätigten Investitionen aufgrund von Auflagen für ihre Betriebe und die Einhaltung der immer wieder neuen Gesetze und Verordnungen. Sie selbst erleben sich als sehr naturverbunden. Ihre Arbeit macht es erforderlich, dass sie bei Wind und Wetter in der Natur unterwegs sind. Dazu gehört auch, sich an der Natur zu orientieren und eben auch samstags und sonntags zu arbeiten, wenn die natürlichen Rahmenbedingungen es erfordern.

Last but not least stammen die meisten Bauern aus Familien, die schon seit Generationen Landwirtschaft betreiben. Familiäre Tradition spielt für viele daher eine sehr große Rolle. Die Hofnachfolge ist in den Gesprächen mit Landwirten ein wichtiges Thema. Aktuell klagen viele Landwirte, dass es für sie schwer ist, die kommenden Generationen für eine Hofnachfolge zu gewinnen. Denn die wirtschaftlichen Rahmenbedingungen sind ihrer Ansicht nach unsicher und die gesellschaftliche Anerkennung eher gering.

Landwirtschaft – Nährboden für Vorurteile

Ein fortschrittshemmendes „Schwarzer Peter"-Spiel

Die Forschung zu Vorurteilen hat eine lange Tradition und viele problematische, aber auch positive Aspekte zu Vorurteilen ermittelt. In ihren Ursprüngen befasst sich die Vorurteilsforschung vor allem mit negativen Zuschreibungen für eine andere Gruppe und deren Mitglieder und seltener mit positiven Vorurteilen. Die Vorurteilsforschung hebt heraus, dass die

KURZGEFASST:

Verhältnis von Landwirten und der weiteren Bevölkerung

Drei entscheidende Kriterien, die auch in der Vorurteilsforschung eine große Relevanz haben:

1. *Landwirte bilden in der Gesellschaft eine Minderheit. Nur 2 Prozent der Bevölkerung sind in der Landwirtschaft tätig.*
2. *Sie sind als Gruppe recht klar auszumachen: Sie haben z. B. Gebäude und Arbeitsgeräte wie etwa Traktoren, die sie von anderen Gruppen in der Öffentlichkeit differenzieren. Und sie arbeiten in Bereichen, die wenige Überschneidungen mit anderen Berufsfeldern haben.*
3. *Landwirt zu sein, ist ein Fulltime-Job mit wenig Raum für Freizeit. In den Gesprächen wurde deutlich, dass viele Landwirte in der wenigen Freizeit, die sie haben, dazu neigen, andere Landwirte zu besuchen. Das heißt, der Austausch zwischen Landwirten und anderen Teilen der Bevölkerung findet nur in einem sehr geringen Umfang statt. Es wird mehr nebeneinander als miteinander gelebt.*

Projektionen von Sorgen und Wünschen – wie am Beispiel der Landwirte geschildert – nicht nur individuell, sondern kollektiv erfolgen können. Es bilden sich Vorurteile. Das heißt, die Mehrheitsgesellschaft entwickelt Meinungen über Minderheiten, die sich weiter verfestigen und bestätigen. Eine Auseinandersetzung mit den tatsächlichen, realen Gegebenheiten findet dabei dann meist nur noch sehr eingeschränkt statt.

Negative Vorurteile führen auf Dauer zu gesellschaftlichen Konflikten, weil sich die mit dem Vorurteil bedachten Gruppen nicht fair gesehen und behandelt fühlen. Nun sind Landwirte heute nicht in gleichem Umfang Opfer von Vorurteilen und gesellschaftlichen Ausgrenzungen wie es etwa bei homosexuellen Gruppen oder Migranten der Fall war bzw. noch der Fall ist. Daher sind die gesellschaftlichen Konflikte nicht so ausgeprägt.

Zieht man diese drei Kriterien heran, bieten die aktuellen gesellschaftlichen Rahmenbedingungen rund um die Landwirtschaft sehr gute Voraussetzungen für die Bildung von Vorurteilen.

Welchen weitergehenden gesellschaftlichen Sinn ergeben die heutigen Vorurteile rund um die Landwirtschaft? Diese Frage stellt sich, weil ein Wesenszug von Vorurteilen gerade ihr kollektiver Charakter ist, der sie auch von den Projektionen auf einer individuellen Ebene unterscheidet. In den Untersuchungen zur öffentlichen Meinungsbildung rund um die Landwirtschaft zeigte sich, dass die Vorurteilsbildungen eine Art gesellschaftliches „Schwarzer Peter"-Spiel erlauben. In diesem Spiel schieben Landwirte und die nicht in der Landwirtschaft tätige Bevölkerung sich gegenseitig den „Schwarzen Peter" für die Missstände rund um die Produktion und das Angebot von Lebensmitteln zu.

> *„Ein Vorurteil ist eine dem Stereotyp nahestehende Einstellung (Meinungsbildung), die kaum auf Erfahrung (Information, Sachkenntnis), umso mehr auf subjektiver Eigenbildung bzw. Generalisierung von Ansichten usw. beruht. Kennzeichnend für das Vorurteil ist auch die zähe, unflexible, unreflektierte Fortdauer und die meist zerstörerische (selten förderliche) Wirkung, die es im Gemeinschaftsleben entfalten kann."*
>
> F. Dorsch, F. 2004, Psychologisches Wörterbuch

DAS SPIEL FUNKTIONIERT IN ETWA SO:

1. Die Bevölkerung drängt durch ihr Einkaufsverhalten auf die Erzeugung preisgünstiger Produkte.

2. Die Bevölkerung klagt zugleich die (konventionellen) Bauern für ihren schlechten Umgang mit der Natur an und lobt die Biobauern.

3. Landwirte protestieren und kritisieren, dass die öffentliche Diskussion völlig falsche Vorstellungen über die Landwirtschaft prägt.

4. Landwirte verteidigen ihre Produktionsweisen und fordern umgekehrt von der Bevölkerung, ihr Konsumverhalten zu ändern und höhere Preise zu akzeptieren, um eine nachhaltigere, moderne Bewirtschaftung zu ermöglichen.

DAS SYSTEM ERHÄLT SICH SELBST

Verbraucher wollen billige Lebensmittel, sodass Landwirte dem Verlangen des Marktes folgen.

Verbraucher und Politik verurteilen nicht-nachhaltige Produktion in der Landwirtschaft und fordern Umstellung.

Landwirte beschweren sich über falsche Vorstellungen, beschuldigen Verbraucher und Politik der Ahnungslosigkeit.

Landwirte verteidigen in der Öffentlichkeit ungeliebte Produktionsweisen und fordern Verbraucher auf, ihren Konsum umzustellen.

Dennoch profitieren beide Seiten von diesem Beschuldigen, da sie ihr eigenes Verhalten nicht ändern müssen – beide glauben, das fortschrittlichere Mindset zu haben und sehen daher die Anderen in der Verantwortung.

Quelle: rheingold salon

Letztlich entsteht auf diese Weise eine Pattsituation, in der Landwirte und Nicht-Landwirte gegenseitig Schuldzuweisungen entwickeln können – ohne, dass sich etwas ändern muss. Der insgeheime psychologische Sinn dieser Konstruktion besteht somit darin, dass beide Gruppen von der jeweils anderen verlangen können, Missstände zu beheben und gleichzeitig die Kosten dafür zu tragen. Darauf möchte sich verständlicherweise niemand einlassen. Das Ergebnis ist ein Stillstand, in dem beide Gruppen so weitermachen können wie bislang – und zugleich etwas scheinheilig die Änderungen von der jeweils anderen einfordern können.

Diese „Schwarzer Peter"-Konstruktion führt schließlich zu einer Entwicklungsblockade oder zumindest einer Entwicklungsbremse. Denn die Entwicklung neuer Lösungen und Ansätze wird im Grundsatz von anderen erwartet. Vor dem Hintergrund dieser Analyse ist es sehr sinnvoll, die aktuellen Vorurteilsbildungen, die mit ihnen verbundenen Bilder und Geschichten zu überwinden und in der öffentlichen Meinungsbildung zu neuen Narrativen zu kommen. In den Untersuchungen zur öffentlichen Meinungsbildung rund um die Landwirtschaft ging es im nächsten Schritt daher darum, Geschichten mit Narrativ-Potenzial zu ermitteln, die helfen, den Stillstand zu überwinden.

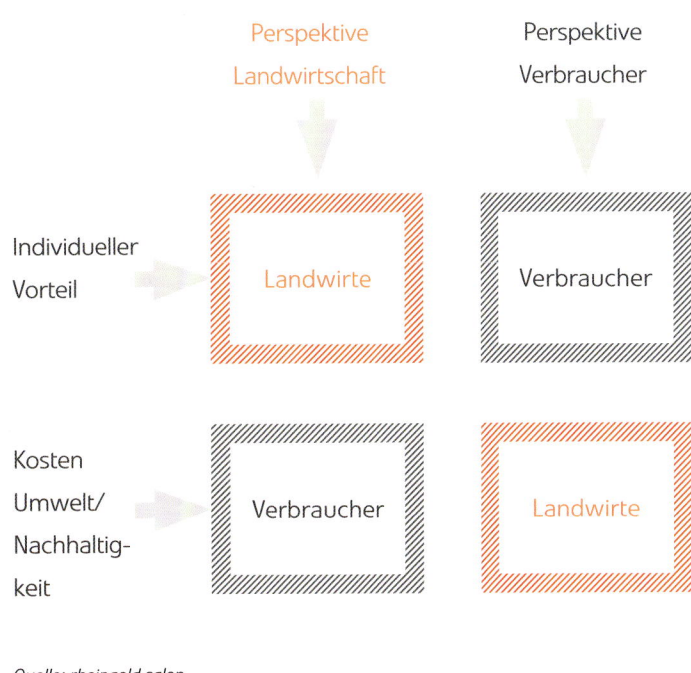

DAS SYSTEM ERHÄLT SICH DURCH DELEGATION

Quelle: rheingold salon

Wege in die Zukunft

Welche Narrativ-Konzepte führen weiter?

Die Befragung der Landwirte und der Bürger hat verschiedene Konzepte integriert.[17] Ziel war es, zu prüfen, ob mit ihnen Vorurteile und Stillstand in der öffentlichen Meinungsbildung angegangen werden können. Die Befragten erhielten die Konzepte dazu in Form eines kurzen Textes und gaben dann ihr Feedback. Auf diese Weise sollte ermittelt werden, ob die Konzepte ein Narrativ-Potenzial entwickeln. Basis für die Konzeptentwicklung waren vorherige Studien und Analysen[18] sowie Gespräche mit Experten aus dem Umfeld der Landwirtschaft. Die Konzepte spannten dabei bewusst einen Bogen von traditionelleren Darstellungen bis hin zu eher neueren Ansätzen. Zudem entwickelt ein Teil der Konzepte (1–3) eine größere Nähe zum Selbstbild der Landwirte, während andere (Konzepte 4–5) die Perspektive von Nicht-Landwirten stärker einbeziehen.

> „Welche Botschaften können etwas bewegen?"

ZENTRALE FRAGESTELLUNGEN:

- Können die skizzierten Ansätze in der öffentlichen Meinungsbildung etwas bewegen?
- Wenn ja, welches der Konzepte hat qualitativ das größte Narrativ-Potenzial?

HINTERGRÜNDE

Die deutsche Landwirtschaft ist stolz auf ihre grundlegende Bedeutung für die Versorgung der Bevölkerung. Denn ohne ihre Produkte bliebe der Magen leer, langfristig drohten Mangelerscheinungen. Die Landwirtschaft liefert die Grundprodukte für das, was täglich auf dem Speiseplan und auf

---

[17] Rheingold salon: Zukunfts-Bauer – Über die Analyse und Gestaltung des öffentlichen Vertrauens; ursprünglicher Arbeitstitel „Wertschätzung für die Landwirtschaft nach dem Corona-‚Schock'".
[18] Rheingold salon: Der Kampf um da öffentliche Bild vom Land, Studie im Auftrag des BMEL, 2019, Vortrag Jens Lönneker Grüne Woche, Berlin, 21.01.2020.

den Tischen landet. Egal, ob man in einen Apfel beißt oder ein aufwendiges Gericht für die Lieben zaubert: Die Grundlage stellen die Produkte der Landwirtschaft. Und auch die Qualität des Verzehrten hängt von der Basis aus Obst, Gemüse, Getreide und Fleisch ab. Daher erscheint es nachvollziehbar, dass die deutsche Landwirtschaft sich in der Rolle des Ernährers und Versorgers der Bevölkerung sieht. Eine Studie der Fachhochschule Südwestfalen mit 162 Betriebsleitern und Hofnachfolgern stellt für 2020 heraus: Die Landwirte erleben in der Zeit der Coronapandemie eine große Verantwortung bei der Produktion der Grundnahrungsmittel. Sie erachten die globale Lebensmittelversorgung mehrheitlich nicht als krisenfest.

Die Coronapandemie als potenzielle Versorgungskrise hat offenbar das Bild von Ernährer und Versorger verstärkt bzw. besonders in den Blick gerückt. Denn die Bedeutung dieser Rolle der Landwirtschaft hat kulturgeschichtliche Wurzeln. Auch in Deutschland gab es immer wieder Zeiten mit Engpässen in der Versorgung bis hin zu Hungersnöten. Ängste vor Missernten bestimmten im Mittelalter und noch

KURZGEFASST:

Die untersuchten Narrativ-Konzepte
Narrativ-Konzept 1a: „Ernährer"
Narrativ-Konzept 1b: „Versorger"
Narrativ-Konzept 2: „Bewahrer der Schöpfung"
Narrativ-Konzept 3: „Regionale Identitätsstifter"
Narrativ-Konzept 4: „Mehr Lebensqualität"
Narrativ-Konzept 5: „Zukunfts-Bauer"

darüber hinaus Landwirte und Bevölkerung gleichermaßen. Schlechte Ernten hatten spürbare Konsequenzen: Man musste rationieren, Lebensmittel wurden unerschwinglich oder waren schlichtweg nicht vorhanden.

In der jüngeren Vergangenheit waren es die Erfahrungen der Weltkriege, in denen der Wert regionaler landwirtschaftlicher Produkte am eigenen Leibe spürbar wurde. Hier merkten vor allem die Städter, dass sie massiver betroffen waren. Wer auf dem Land lebte und einen guten Draht zum Bauern hatte, war im Vorteil. Die Landbevölkerung war schlichtweg besser ernährt. Wer etwas zum Tauschen für den Bauern hatte oder über einen eigenen Acker verfügte, wurde eher satt.

Ernährt-Werden und Versorgt-Sein waren also über einen Großteil der menschlichen Geschichte keine Selbstverständlichkeit und unmittelbar mit den Landwirten verbunden. Sie mussten es schaffen, dass der Boden Frucht bringt, dass man das Wetter einschätzt, Prozesse und Methoden optimiert. Daraus resultierte dann die moderne Landwirtschaft, der es gelingt, eine Konstanz in Menge, Qualität und Vielfalt der landwirtschaftlichen Produkte zu sichern, die über Jahrhunderte hinweg nicht möglich war. Religiöse Riten und Traditionen verweisen heute noch darauf – Erntedank, wobei möglicherweise auch „dem Bauern sei Dank" mitgedacht oder gefühlt wurde.

Aber wie ist die Lage heute in Deutschland? Wie ist die Sicht auf die Themen Ernährungssicherheit und Versorgungs-Konstanz? An die schmerzliche und sorgenbehaftete Erfahrung von Lebensmittelmangel oder gar Hunger können sich in Deutschland heute nur noch wenige erinnern. Wer noch den Zweiten Weltkrieg und/oder die Nachkriegszeit erlebt hat, entwickelt vermutlich auf unser täglich Brot eine andere Perspektive als Generationen, die nur Wirtschaftswunder und Wohlstand in ihrer kulturellen DNA tragen. Wer kennt nicht die Geschichten der Väter und Großväter, die kein Brot wegwerfen konnten, egal wie trocken es geworden war. Den meisten heutigen Deutschen blieb – zum Glück – jedoch die Erfahrung erspart, was es bedeutet, wenn man keine Kartoffeln bekommt und bei Suppe darben muss.

Vor diesem Hintergrund kann heute die Sicherheit und Regelmäßigkeit der Versorgung mit Nahrungsmitteln bei den Nachkriegsgenerationen zu einer Selbstverständlichkeit geworden sein. Dabei könnte nicht nur als selbstverständlich erscheinen, dass man immer satt werden kann, sondern auch das hohe Angebotsniveau in Form von einer enormen Vielfalt und ganzjähriger Verfügbarkeit von Obst, Gemüse, Getreide und Fleisch in hoher Qualität.

Die Supermärkte sind jederzeit gut gefüllt, selbst in Coronazeiten. Man kann sich sogar alles liefern lassen – ein paar Mausklicks und die Gemüsekiste steht vor der Tür. Zum Problem wird heute häufig eher, dass auch der Bauch zu prall wird. Anstrengung kostet nicht das Beschaffen von Lebensmitteln, sondern der Verzicht auf unmäßigen Verzehr. Vor diesem Hintergrund war es nur logisch, sich die Bedeutung des Bildes der Landwirtschaft als Ernährer und

Versorger im Kontext der heutigen Kultur in Deutschland vorurteilsfrei anzuschauen. Es stellte sich die Frage, inwiefern „Ernährer/Versorger" heute noch als attraktives Bild für Landwirte und Verbraucher wirksam werden kann.

› ERNÄHRER

Das Narrativ-Konzept sollte in zugespitzt-prägnanter Form herausheben, dass sich eine Wertschätzung der Landwirtschaft aus ihrer Rolle als Ernährer ergibt. Die These war, dass diese Bedeutung der Landwirtschaft im aktuellen Zeitgeist kaum noch bewusst ist bzw. nicht (mehr) als Leistung gewürdigt wird.

| In der Studie vorgelegter Text zum Narrativ-Konzept 1a | *Landwirte sorgen für die Ernährung der Bevölkerung. Ohne Landwirtschaft gibt es nichts zu essen! Der breiten Öffentlichkeit ist diese Leistung der Landwirtschaft nicht mehr wirklich bewusst. Die Leistung der Landwirte muss daher wieder mehr hervorgehoben werden, damit die Landwirte die ihnen zustehende Wertschätzung erfahren.* |

› VERSORGER

Eine zweite untersuchte Variante betonte stärker den Kontext der Coronapandemie. Die These war, dass über die Pandemie Sorgen vor möglichen Versorgungsengpässen aufkommen und darüber der Wert der Landwirtschaft als Garant der Versorgung wieder deutlicher spürbar würde.

| In der Studie vorgelegter Text zum Narrativ-Konzept 1b | *Mit Beginn der Coronapandemie und den einsetzenden Hamsterkäufen haben die Medien erstmals seit Langem wieder über Versorgungssicherheit der Bevölkerung berichtet. Dieser Aspekt spielte bei der Ernährung in den Jahren zuvor keine Rolle – im Gegenteil es ging eher um eine dem Lifestyle entsprechende Ernährung. Landwirte tragen jedoch wesentlich zur Versorgungssicherheit der Bevölkerung bei. Ihre Leistung sollte wieder mehr hervorgehoben werden, damit sie die ihnen zustehende Wertschätzung erfahren.* |

Die Perspektive der Landwirte

Die tiefenpsychologische Untersuchung bestätigt hier Befunde aus anderen Studien, in denen die Landwirte Aussagen, die auf ihre Bedeutung als Ernährer und Versorger ausgerichtet sind, auf breiter Basis zustimmen.[19] Die befragten Landwirte reagierten daher auch hier überwiegend positiv auf dieses Narrativ-Konzept. Die Rolle des Ernährers und Versorgers ist eine, auf die sie stolz sind und die viele in den Interviews gerne betonten. Sie äußerten den Wunsch, die Bedeutsamkeit dieser Rolle in der Öffentlichkeit wieder präsenter zu machen.

Dabei verspüren die Landwirte durchaus, dass die Bevölkerung das Ganze anders sieht: Die Bevölkerung erlebt nach Ansicht vieler Landwirte die Versorgung mit Nahrungsmitteln als selbstverständlich und sieht nicht ein, warum sie die Leistungen der Landwirte besonders schätzen soll.

„Wenn ich ein Auto kaufe, bin ich dem Autobauer
und den dort Arbeitenden auch nicht zutiefst dankbar
für ihre Arbeit. Im Gegenteil – eigentlich ist es ja genau
umgekehrt: Der Autobauer muss dafür dankbar sein,
dass ich sein Auto kaufe! In der Landwirtschaft wird aber
immer eine besondere Wertschätzung erwartet."

Originalton eines selbstkritischen Landwirtes

Das Gros der befragten Landwirte suchte die besondere Wertschätzung als Ernährer/ Versorger und fühlte sich durch das Konzept auch regelrecht „gebauchpinselt" – nach dem Motto: „Endlich sagt es mal jemand." Zugleich glaubten sie jedoch meist nicht so recht daran, daraus ein erfolgreiches Narrativ mit Wirkung auf den Verbraucher machen zu können. Fragte man die Landwirte, inwiefern sie eine Chance sähen, dass das Bild vom Ernährer die Wahrnehmung der Landwirtschaft in der Bevölkerung verändert, zeigten sie sich sehr skeptisch.

---

[19] Artikel über Studie des Gemeinschaftsfonds Saatgetreide (GFS) 2015: Landwirte sehen sich als Ernährer der Gesellschaft (topagrar.com).

Hintergrund für diese Skepsis ist die Überzeugung vieler Landwirte, dass in der heutigen, globalen Landwirtschaft die Macht und insofern auch die Bedeutung der deutschen Landwirte sehr viel begrenzter ist als noch in früheren Jahrzehnten. Sie räumen ein, dass Lebensmittel auch verstärkt importiert werden könnten bzw. sowieso importiert werden und der Verbraucher keinesfalls „nichts zu essen" hat, wenn die deutsche Landwirtschaft ihre Leistungen nicht mehr erfüllt, erfüllen will oder gar in den Streik geht.

Die psychologische Analyse zeigt: Letztlich können sich Landwirte mit diesem Konzept vor allem selbst bestätigen, sich sozusagen auf die Schulter klopfen, auf Handel und Verbraucher schimpfen, die diese Bedeutung nicht sehen möchten. Entscheidend ist jedoch, dass dieses Narrativ-Konzept – psychologisch betrachtet – zwar Landwirte abholt und sie würdigt, aber selbst den Landwirten als „Hebel" fraglich erscheint. Das hat auch noch mit einem weiteren psychologischen Aspekt zu tun: Ernährung und Versorgung sind existenzielle Themen, die automatisch auch latente Ängste wachrufen vor Hungersnot, Mangel, Machtlosigkeit. Die damit verbundene latente Droh-Perspektive erscheint selbst den Landwirten nicht der beste Zugang zum Verbraucher. Sie verspüren, dass hier großer Widerstand droht.

Viele Landwirte empfinden angesichts dieser Situation Ohnmacht und Verzweiflung. Sie zeigten einen deutlichen Hang dazu, entweder aufzugeben, sich in die Situation fatalistisch einzufinden oder sich zu radikalisieren, um „den Verbrauchern" oder auch den „Städtern" die Bedeutung der Landwirte wieder „richtig vorzuhalten". Im Unterton war das oft schon fast trotzig, als wünschten sich viele der Landwirte insgeheim, dass sie einmal streiken und die Regale im Supermarkt leer bleiben würden: Der Traum von einer Machtdemonstration gegenüber der Bevölkerung und dem Handel, denen man zeigen möchte, dass sie von den Landwirten abhängig sind.

Die Perspektive der Verbraucher
Auch die Verbraucher können zunächst einmal bei diesem Konzept gut mitgehen. Auch sie glauben, dass das Thema Landwirte als Ernährer und

WEGE IN DIE ZUKUNFT

Versorger wieder stärker in den öffentlichen Fokus rücken sollte. Das zeigt sich auch in Wünschen danach, ein Bewusstsein für den Wert von Lebensmitteln und deren Erzeugung stärker in den Schulunterricht zu integrieren. Der Tonfall der Verbraucher lässt jedoch den Verdacht aufkommen, dass es sich hier nicht um ein Konzept handelt, das große Leidenschaft und Begeisterung hervorruft oder eine spannende Perspektive für die Wahrnehmung der Landwirtschaft darstellt.

Die Verbraucher erleben die Betonung der Ernährer- und Versorgerrolle als reine Beschreibung eines Status quo, z. T. auch einer eher alten, nicht wirklich zeitgemäßen Erzählung. Ernährer und Versorger sein, ist aus Sicht der Bevölkerung zwar die Grundaufgabe der deutschen Landwirtschaft. Warum aber eine sozusagen genuine „Jobbeschreibung" besonders in der Öffentlichkeit betont werden soll, erscheint ihnen fragwürdig. Damit würde aus ihrer Sicht die Landwirtschaft wieder eine Sonderrolle für sich beanspruchen, die sich von anderen ebenfalls existenziellen Bereichen abgrenzt. Es werden Vergleiche gezogen z. B. zur Ärzteschaft oder Ingenieuren bei Energieunternehmen. Diese Berufsgruppen, so die Logik der Verbraucher, würden ja auch nicht eine Extra-Wertschätzung dafür verlangen, dass sie Kranke versorgen, behandeln oder Strom für alle zur Verfügung stellen.

Zudem bestätigt das Feedback der Verbraucher das, was die Landwirte bereits befürchten: Die befragten Verbraucher setzen der Ernährung und Grundversorgung durch die deutsche Landwirtschaft den Handel und die Unabhängigkeit in einer globalen Welt entgegen. Es wird angeführt, dass letztlich keine schlimmen Notzeiten mehr entstehen könnten, da Importe Lücken bei lokalen Produkten ersetzen könnten. Die Verbraucher fühlen sich also sehr viel sicherer und versorgt. Angesichts dessen erscheint es ihnen realitätsfremd, Ernährer und Versorger als besondere und zentrale Leistung zu betonen. Im Kontext des eher pandemieorientierten Konzepts der Versorgungsgaranten wurde das nochmals besonders deutlich. Die Verbraucher sahen die Leistung einer nach wie vor sicheren Versorgung mit Lebensmitteln eher beim Einzelhandel und der Logistik. Sie konnten nicht nachvollziehen, inwiefern die landwirtschaftliche Produktion von der Pandemie betroffen oder gar bedroht sein soll. Die Verbraucher spüren also, dass sie und der Handel selbst in Zeiten einer Pandemie am „längeren Hebel" sitzen. Sie wären im Extremfall auch bereit, diesen Hebel zu nutzen.

Was die Verbraucher dagegen sehr viel mehr interessiert und bewegt, ist weniger der Umstand, *dass* die deutsche Landwirtschaft versorgt und ernährt, dafür umso mehr die Frage *wie* sie das realisiert. Wie geht sie vor? Kommt dabei Natur zu Schaden? Produziert sie nicht letztlich zu viel, exportiert, will Gewinn machen? Die Bedeutung für das *Wie* und nicht nur das *Ob* der Ernährungsleistung zeigt sich auch in den quantitativen Umfragen. Für 53 Prozent der Befragten Verbraucher spielt es eine Rolle, ob Produkte nachhaltig und umweltschonend erzeugt wurden. Nur für 14 Prozent spielt dies gar keine Rolle. Unabhängig davon, ob man letztlich beim Kauf so entscheidet, ist das *Wie* der Erzeugung im Mindset der Verbraucher offenbar relevant.

Dem Hervorheben der Ernährer- und Versorger-Rolle halten die Verbraucher entgegen, dass es sich letztlich um eine Art Klischee-Vorstellung vom guten, fürsorglichen Bauern handelt. Dem steht aus ihrer Sicht entgegen, dass es um Steigerung und Gewinne geht. Landwirte sind aus Sicht der Verbraucher eben doch nicht nur die „Mütter und Väter" der Nation, sondern auch Geschäftsleute, Fachleute. Es glaubt ja auch niemand, dass Energieversorger „nur" selbstlos Strom liefern. Letztlich zeigt sich, dass die Verbraucher die Landwirtschaft sogar eher ernst nehmen und respektieren, wenn sie diese Seite nicht verschweigen bzw. durch das Ideal des Ernährers ausklammern.

FAZIT

Das Narrativ-Konzept „Ernährer/Versorger" trifft zwar einen wichtigen Teil des Selbstverständnisses der deutschen Landwirte, es erscheint jedoch wenig geeignet, Verbrauchern die Landwirtschaft näherzubringen – auch wenn diese grundsätzlich zustimmen. Aus Verbrauchersicht wird hier etwas sehr Generisches betont, an das man zwar einen „Haken" machen kann, das aber kaum Perspektiven eröffnet. Bei Landwirten und Verbrauchern überwiegt der Eindruck, dass man hier nichts Neues über deutsche Landwirtschaft erfährt, sondern einem eher alten Ideal nachhängt, das Realität und Zeitgeist von heute nicht trifft. Hinzu kommt, dass angesichts des sehr Existenziellen des Themas Ernährer/Versorger Ängste und Machtkämpfe ins Spiel kommen. Es besteht die Gefahr, dass darüber Gräben und Spaltung eher größer werden oder zumindest nicht abgebaut werden.

› BEWAHRER DER SCHÖPFUNG

Dieser Ansatz knüpft bewusst an historische Wurzeln in der christlichen Tradition an. Kann die Rückbesinnung auf solche traditionellen Bilder den Stillstand in der öffentlichen Meinungsbildung überwinden und eine neue Perspektive auf die Landwirtschaft entwickeln?

Die Landwirtschaft war über viele Jahrhunderte untrennbar mit religiösen Kontexten und Sinnstiftungen verbunden. In der langen Tradition einer christlichen Sicht auf die Natur und den Umgang mit ihr wurden Pflanzen und Tiere als die Schöpfung Gottes angesehen. Es war Aufgabe der Menschen und insbesondere der Bauern, das Werk Gottes zu respektieren und verantwortlich damit umzugehen. Die Ernte war dann Lohn für die Gottesfürchtigkeit. Schwächere Erträge oder gar Missernten erklärten sich dagegen durch sündiges Verhalten und einen strafenden Gott.

Aufklärung und Wissenschaft haben diese christlich geprägte Sicht zugunsten einer nüchternen, rationalen Haltung in den Hintergrund gedrängt. Es ging dabei darum, die Natur beherrschbar und gestaltbar zu machen. Der grundsätzliche Respekt vor der Natur und ihren Unberechenbarkeiten war jedoch geblieben, wenn auch deutlich schwächer ausgeprägt. Im Zuge des Biotrends, des drohenden Klimawandels und dem damit verbundenen Drang zur Rettung der bestehenden Welt stehen im Mittelpunkt der öffentlichen Meinungsbildung wieder stärker das „Wunder" der Natur, ihre Vielfalt, die fantastischen Formen, Erscheinungen und unglaublichen Qualitäten.

In diesen Beschreibungen taucht – wenn auch in neuer Form – wieder etwas vom Göttlichen der Natur auf und dem Wunsch, der Schöpfung mit mehr Respekt zu begegnen. Wissenschaftliche Argumentationen sollen nun dabei helfen, das Wunder der Natur zu erhalten.

Die Haltung, die Natur als einen höheren Wert zu bewahren, ist also hochaktuell. Vor diesem Hintergrund erschien es sinnvoll und wichtig, diese Haltung als Ausgangspunkt für ein Narrativ-Konzept zu nehmen. „Schöpfung" rückt dabei das mythisch-christliche Element der Natur besonders in den Vordergrund und die Landwirte als deren „Bewahrer".

Das Konzept sollte prüfen, ob ein Bogen von einer traditionell christlichen Überlieferung zu einem heutigen modernen Verständnis von Natur und Landwirtschaft die Basis für ein neues Narrativ bilden kann.

In der Studie vorgelegter Text zum Narrativ-Konzept 2

Schon seit Urzeiten übernehmen Bauern die Verantwortung für das Land und die Tiere. Sie kümmern sich um alles und sind echte Experten. Landwirte sind Bewahrer der Schöpfung und der Natur. Sie sind es, die sich tagtäglich um Vieh und Felder kümmern. Auch für moderne, von städtischem Leben geprägte Gesellschaften ist der „biblische" Auftrag, sich um Land und Tiere zu kümmern, von Bedeutung. Die Landwirtschaft sollte dabei noch mehr unterstützt werden. Sie ist schon Bestandteil der Moderne, produziert z. B. erneuerbare Energien und hat das Zeug dazu, künftig ein wesentlicher Baustein von modernem Natur- und Umweltschutz zu werden. Eine moderne Gesellschaft muss es sich leisten, das erforderliche Geld aufzubringen, um Land und Natur zu bewahren.

Die Perspektive der Landwirte

Die Landwirte lehnten das Narrativ-Konzept „Bewahrer der Schöpfung" stark ab. Sie erlebten das Konzept als Überhöhung und eine nicht zeitgemäße Romantisierung ihres Standes. Im Vordergrund steht für Landwirte der Stolz darauf, ein Wirtschaftsunternehmen zu führen, welches Natur kultiviert, Äcker bearbeitet, Pflanzen und Natur nutzbar macht. Der Fokus auf dem Bewahren und Kümmern erscheint ihnen als ein naives Bild. Letztlich weisen sie darauf hin, dass das Bewahren und Kümmern kein altruistischer Liebesdienst ist, sondern im Dienste eines Ertrags steht.

Sie befürchten, dass aus dem Narrativ ein Anspruch abgeleitet wird, auf alles zu verzichten, was dem Kümmern und Bewahren zuwiderläuft: Ernte auffressende Insekten als Teil der Schöpfung? Tiere auch dann weiter durchpäppeln, wenn sie keine oder kaum Milch geben? Das Narrativ-Konzept erscheint aus Sicht der Landwirte daher allzu sehr wie eine romantisierte Vorstellung, in der sie sich einseitig in die Rolle von tierliebenden Aufpassern gedrängt sehen. Fast alle betonten immer wieder, dass sie im Einklang mit der Natur arbeiten, sich aber nicht nur als ihre Bewahrer und Pfleger sehen.

Die religiöse Konnotation erscheint den meisten der befragten Landwirte zudem als eher rückwärtsgewandt und aus der Zeit gefallen. Das Bewahren der Natur hat auch aus Sicht der Landwirte seine Bedeutung nicht mehr nur aus einer religiös-christlichen Tradition. Die meisten Landwirte wünschten sich vielmehr eine öffentliche Darstellung, die deutlich macht, dass sie ein Bestandteil der Moderne sind.

Die Perspektive der Verbraucher

Auch die Verbraucher störten sich an der religiös geprägten Sicht auf die Landwirtschaft. Sie verspüren hier eine pathetische Überhöhung der Bedeutung des Bewahrens von Natur. Allerdings sahen die Verbraucher durchaus, dass Landwirte im Umgang mit Pflanzen und Tieren auch eine kümmernde Seite einnehmen. Die Bevölkerung sah die Landwirte keinesfalls nur und ausschließlich als „Ausbeuter" der Natur. Sie sieht jedoch diese bewahrenden Seiten als normalen Bestandteil landwirtschaftlicher Tätigkeit und daher keinen Grund, dafür deutlich mehr finanzielle Unterstützung zu offerieren.

FAZIT

Landwirte und Verbraucher sehen das Bewahren der Natur zwar als einen Aspekt landwirtschaftlicher Tätigkeit. Jedoch verstehen beide Seiten dies eher in dem Sinne, dass die Landwirtschaft Pflanzen und Tiere nicht unbegrenzt ausbeuten kann, sondern sich auch um den langfristigen Erhalt von Natur kümmern muss. Landwirte und Bevölkerung vermissen im Bild des Bewahrers der Schöpfung jedoch die Seite der Landwirtschaft, die im Kultivieren und Nutzbar-Machen von Pflanzen und Tieren steckt.

Ein einseitiges, eher überhöhtes Bild vom Bewahrer, insbesondere im Kontext des Religiösen, erscheint Landwirten und Verbrauchern als allzu romantische und letztlich naive Erzählung. Landwirte und Verbraucher möchten moderne Landwirtschaft als Teil einer fortschrittlichen Gesellschaft und eines fortschrittlichen Umgangs mit Natur sehen. Bewahren von Schöpfung erscheint beiden Seiten zu rückwärtsgewandt und im Zweifelsfall sogar wie ein Kaschieren von Realitäten.

> REGIONALE IDENTITÄTSSTIFTER

Ausgangspunkt für dieses Konzept ist die Überlegung, dass Regionalität in einer Zeit zunehmender Globalisierung wichtiger wird, weil sie das Gefühl der Menschen für ihre Wurzeln, ihre Herkunft prägt und dabei hilft, eine eigene Identität aufzubauen. Wenn sich das Aussehen der großen Städte und die Lebensgewohnheiten international immer mehr angleichen, stellt dies psychologisch auch eine Herausforderung für die Identitätsbildung dar: Was unterscheidet uns/mich von Anderen?

Die Landwirtschaft ist stark verwurzelt und prägt das Bild einer Region. Das Aussehen der Höfe und die Art der landwirtschaftlichen Nutzung sind im Bergischen Land anders als am Bodensee. Zudem entwickelten die Regionen über Jahre hinweg Expertise in den Bereichen der Landwirtschaft, die aufgrund der jeweiligen regionalen Gegebenheiten gut betrieben werden konnten – ob Obst-, Gemüse-, Getreide-, Weinanbau oder Viehwirtschaft. Regionale Kulturen und Eigenarten spiegeln sich auch in Produkten, Rezepten und Spezialitäten wie Spargel aus Schwetzingen, Äpfel aus dem Alten Land, Riesling von der Mosel, Thüringer Bratwurst oder bayerischer Weißwurst.

In der Studie vorgelegter Text zum Narrativ-Konzept 3

Die Welt wird immer globaler. Es gibt überall McDonalds, aber das Land und die Landwirtschaft vor Ort gibt es nur einmal. Sie sind einzigartig und ein wesentlicher Bestandteil regionaler Identität. Produkte aus der Region werden daher von vielen sehr geschätzt. Sie stehen für Frische und Qualität. Die Höfe aus der Landwirtschaft prägen dabei das Bild ganzer Gegenden. Auch wenn nicht mehr landwirtschaftlich genutzt, werden sie nicht abgerissen, sondern oft liebevoll restauriert. Sie stehen für eine attraktive bodenständige Form des Miteinanders. Landwirtschaft stützt das gesellschaftliche Miteinander vor Ort, ob in der freiwilligen Feuerwehr, beim Schneeräumen oder bei Festen. Und natürlich mit ihren Produkten für die regionale Küche. ‚Aus deutschen Landen frisch auf den Tisch' trifft es daher auf den Punkt. Die heimische Landwirtschaft und ihre Produkte sollten noch mehr geschätzt werden.

Sie haben auf diese Weise Lebensgewohnheiten und das Selbstverständnis der Menschen vor Ort stark beeinflusst. Damit steht Landwirtschaft auch für ein unverwechselbares „Gesicht", den individuellen Geruch und Geschmack einer Region.

Eine weitere Perspektive auf die Bedeutung der Landwirtschaft für regionale Identität war die enge Verbundenheit zur dörflichen Gemeinschaft. Denn ein Hof ist nicht einfach ein Betrieb, der sich beliebig verlagern lässt, sondern häufig über Generationen weitergegeben wird und eine besondere Beziehung zum regionalen Umfeld entwickelt. Die These für das Narrativ-Konzept war daher, dass Landwirtschaft auch für das verlässliche Miteinander vor Ort steht, ähnlich wie Kirchen, Vereine oder die freiwillige Feuerwehr.

Das Narrativ-Konzept sollte durchaus zugespitzt hervorheben, dass Landwirtschaft ein positiver Gegenentwurf zur heutigen globalen Vereinheitlichung und Entwurzelung sein kann, beispielhaft illustriert an Fast-Food-Ketten mit ihrem überall gleichen Angebot und Aussehen.

Die Perspektive der Landwirte

Die Reaktionen der Landwirte auf dieses Narrativ-Konzept waren von starken Ambivalenzen geprägt. Zum einen erlebten sie es als treffende Beschreibung ihrer Lebenswelt und ihrer Bedeutung. Die befragten Landwirte sehen sich durchaus als wichtigen Bestandteil dörflicher Gemeinschaft. Sie berichten mit Stolz von ihren tatkräftigen Einsätzen, z. B. beim Schneeräumen in der Gemeinde. Sie betonen auch immer, dass ihr Hof schon seit Generationen im Dorf verwurzelt ist und an die Söhne und Töchter weitergegeben wurde. Auch im Hinblick auf regionale Baustile der Höfe und die typische Prägung der Landschaft durch die Betriebe können die Landwirte der Erzählung vom regionalen Identitätsstifter zustimmen. Das Thema Regionalität gibt dem Narrativ-Konzept aus ihrer Sicht dabei auch eine moderne Note. Die Landwirte, die z. T. auch Hofläden betreiben, spüren, dass der Bevölkerung generell ein Bezug zu regionalen Produkten und Erzeugern heute wieder sehr viel wichtiger geworden ist.

Im Hinblick auf ihre Wahrnehmung in der Öffentlichkeit befürchten die Landwirte jedoch eine Reduktion auf die verengte Perspektive eines Dorfidylls. Zugespitzt kann das Narrativ-Konzept nahelegen, dass Landwirte in Deutschland nicht über den Tellerrand des Dorfes und des Dorflebens hinausschauen. Man hält dem Konzept dann entgegen, dass Landwirte durchaus außerhalb ihres Dorfes in Hemd und Anzug in ein klassisches Konzert gehen.

Zudem kann Regionalität schnell zu einem Bullerbü-Klischee der Städter werden, welches nicht der Realität moderner Landwirtschaft entspricht. Deutsche Landwirte sind nicht nur stolz auf ihre lange Verbundenheit mit der Region, sondern auch auf ihre globale Vernetzung und ihre Exportleistungen. Vorzeige-Objekt für einen Hof ist heute auch ein hochmoderner Stall, nicht nur das Fachwerkhaus im fränkischen Stil. Das Narrativ-Konzept erschien ihnen daher nicht geeignet, Gräben zu überwinden, auch wenn es Landwirtschaft positiv darstellt.

Die Perspektive der Verbraucher

Wer nicht unmittelbar in der Landwirtschaft arbeitet, greift das Narrativ-Konzept gerne als romantische Vorstellung von intakter, eng verbundener Gemeinschaft auf. Man spürt, dass hier bei der Bevölkerung ein Sehnsuchtsbild bedient wird. Füreinander Verantwortung übernehmen, einer heimatlichen Scholle verbunden sein, arbeitet gegen Befürchtungen von Entfremdung und digitaler Flüchtigkeit. Verbraucher idealisieren die Landwirtschaft gerne als heile Welt mit traditioneller Bindung in verlässlichen, dörflichen Gemeinschaften.

Dabei wird jedoch auch schnell deutlich, dass die Nicht-Landwirte in diesem Narrativ-Konzept auch massiv die Kehrseite eines lokal eng verbundenen Lebensbildes sehen. Es bestätigt ihnen im Kern, was ihnen an Landwirten fremd ist. Sie erscheinen als Spezies Mensch, die nicht über den Dorf-Tellerrand gucken möchte, keine Ahnung von den großen, umfassenden Entwicklungen der Welt hat, sich im Grunde in ihr „gallisches Dorf" zurückzieht. Im Ganzen ein Mensch, mit dem man als Städter nichts anzufangen weiß und dessen Welt man allenfalls im Rahmen eines erholsamen Wochenendausflugs besucht. Im Ganzen vermittelt das Narrativ-Konzept den Verbrauchern vor allem den Eindruck, dass Landwirte rückwärtsgewandt sind und sich kaum weiterentwickeln.

Besonders kritisch bewerten sie, wenn die regionale Verbundenheit in eine Art Deutschland-Patriotismus kippt. „Aus deutschen Landen auf den Tisch" erscheint den Verbrauchern kaum als moderne Auslegung des Regionalen. Denn es legt nahe, die Errungenschaften einer globalisierten Küche und der Vielfalt an Zutaten aufzugeben. „Zurück zu Sauerkraut und Weißwurst" eignet sich kaum als attraktives Motto im Hinblick auf den Wert der Landwirtschaft.

FAZIT

Landwirte und Verbraucher sind sich zwar einig im Hinblick auf die große Bedeutung regionaler Produktion und ihrer Wertschätzung. Auch die Verwurzelung vor Ort, die mit einem verbindlichen Engagement und menschlichem Zusammenhalt verbunden ist, wird positiv bewertet. Das Bild vom regionalen Identitätsstifter ist jedoch für Landwirte und Verbraucher mit dem Gefühl einer Verengung verbunden, die die Trennung zwischen Land- und Stadtleben zementiert. Das Konzept entwickelte daher kein großes Narrativ-Potenzial.

❯ MEHR LEBENSQUALITÄT

Fantasien und Sehnsüchte mit dem Ziel, dem modernen Alltagsstress zu entkommen, ranken sich oft um ein Leben in der Natur und auf dem Land.[20] Mit diesem Konzept sollte daher ermittelt werden, ob diese Sehnsüchte ein Ausgangspunkt für ein Narrativ sein können, das die Konfliktlinien in der öffentlichen Meinungsbildung über die Landwirtschaft in Bewegung bringen kann. Die Landwirtschaft ist darin ein naheliegender Startpunkt für eine Alltagsgestaltung mit mehr Lebensqualität, indem sie sich heute wieder mehr auf

---

[20] Back to the Land - Outdoorleben für moderne Aussteiger. Für alle, die vom Aussteigen träumen, naturbewusst und nachhaltig leben wollen. Zurück zur Natur! Gebundene Ausgabe – 1. April 2020 von Freddie Pikovsky (Autor), Nicole Caldwell (Autorin), Unser Hof in der Bretagne: Neuanfang zwischen Beeten, Bienen und Bretonen, broschiert – 16. April 2019 von Regine Rompa (Autorin), Die Selbstversorgerfamilie: Unser Hof in Schweden - Rezepte für ein einfaches Leben Taschenbuch – 19. März 2020, von Nadine Haertl (Autorin).

den Schutz und die Pflege des Lebendigen der Natur besinnt. Indem sie sich verstärkt am Tempo und den Rhythmen der Natur orientiert, kann sie generell eine Vorbildfunktion für eine Alltagsgestaltung mit mehr Lebensqualität entwickeln. Viele Menschen haben die erzwungene Entschleunigung durch den Corona-Lockdown als positive Erfahrung gewertet.[21] Sie hatten auf einmal mehr private Zeit. Daher wurde der Corona-Lockdown als positiver Hintergrund in das Konzept einbezogen.

Die Landwirtschaft ist einerseits in gleicher Weise dem Druck von Effizienz und Beschleunigung ausgesetzt; in dieser Hinsicht ist die auf Effizienz gerichtete Landwirtschaft der Realität der Nicht-Landwirte ähnlich und ein Spiegel des Wirtschaftslebens im Ganzen. Andererseits ist Landwirtschaft einem natürlichen Rhythmus der Natur unterworfen, der die Tendenz zur Beschleunigung menschlichen Wirtschaftens begrenzt. Natur zwingt sozusagen wie der Lockdown auch zur Entschleunigung. Das Konzept prüft, inwieweit moderne Landwirtschaft eine Art Vorbild für neue Lebenskonzepte sein kann: Mehr Raum für Lebensqualität im Sinne einer Verbindung aus der Notwendigkeit von Wirtschaftlichkeit einerseits und weniger Zeitdruck andererseits.

In der Studie vorgelegter Text zum Narrativ-Konzept 4

Viele Menschen wünschen sich heute mehr Lebensqualität und weniger Alltagsstress. Im Corona-Lockdown konnten nicht wenige nun erleben, wie angenehm eine solche Entschleunigung sein kann, auch wenn sich natürlich niemand die Pandemie gewünscht hat. Die moderne Landwirtschaft ist zurzeit für viele ein Abbild dieses modernen Alltags, der geprägt ist von Zeitdruck und Effizienz-Denken. Im Umgang mit der Natur wünscht man sich jedoch wieder mehr Raum für Lebensqualität im eigentlichen Sinne des Wortes. Die Landwirtschaft kann daher eine Vorbildfunktion entwickeln, wenn sie zeigt, dass Respekt vor der Natur und moderner Wirtschaftsalltag kein Widerspruch sein müssen. Qualität hat ihren Preis. Als Steigerung der Lebensqualität hat er aber einen Wert für alle.

---

[21] Vu, Vanessa, Meyer, Julia: Die Gutgelauntenn. Zeit online, 13.05.20202, https://www.zeit.de/gesellschaft/2020-05/corona-pandemie-umfrage-wohlbefinden-homeoffice-entschleunigung?utm_referrer=https%3A%2F%2Fwww.ecosia.org%2F, Vu, Vanessa: Geht es Ihnen seit Corona besser?, Zeit online, 29.04.2022, https://www.zeit.de/gesellschaft/zeitgeschehen/2020-04/wie-geht-es-ihnen-heute-warum-besser, Morach, Viktoria: Warum so glücklich, Zeit onine, 13.05.2020, „https://www.zeit.de/2020/21/stimmungskurven-corona-krise-entschleunigung-stressabbau-ruhe-glueck" https://www.zeit.de/2020/21/stimmungskurven-corona-krise-entschleunigung-stressabbau-ruhe-glueck. Alle abgerufen 21.3.2022.

Die Perspektive der Landwirte

Landwirte zeigten sich von diesem Narrativ-Konzept vor allem irritiert. Sie erleben ihren Alltag als sehr arbeitsreich und geprägt von großem Effizienzdruck. Gedanken in Richtung Entschleunigung erscheinen ihnen regelrecht als Luxus-Fantasie einer nicht in der Landwirtschaft tätigen Bevölkerung, der „Städter". Deren Stress halten sie wiederum für eher „hausgemacht", während sie ihre eigenen Arbeitsnöte als „real" erleben und als etwas, dem sie nicht entkommen können. Die meisten der befragten Landwirte sehen kaum Alternativen und Auswege aus der aktuellen Lage. Sie ackern buchstäblich, um die Anforderungen an Effizienz und Wirtschaftlichkeit zu erfüllen. Landwirtschaft mit einer „Entschleunigungsperspektive" in Verbindung zu bringen, halten viele für realitätsfern. Das Thema Corona verstärkt diesen Eindruck noch. Während des Lockdowns konnten viele Landwirte mehr Spaziergänger beobachten – also Menschen, die die Zwangsentschleunigung des Lockdowns nutzten, um Natur in entspannter Form zu erleben, während die Landwirte trotz Corona weiterarbeiten mussten wie vorher auch. Gerade die Probleme in der Lebens- und Freizeitqualität sowie die ausbleibende Anerkennung trotz der vielen Arbeit diskutieren viele in der Landwirtschaft an ihren Berufen sehr kritisch; die schwierige Suche nach Hofnachfolgern ist vor diesem Hintergrund immer wieder Thema. Die Landwirte können sich auch nicht vorstellen, eine Vorbildfunktion für die Gesellschaft insgesamt einzunehmen.

Das Narrativ-Konzept trifft jedoch aus Sicht der Landwirte einen wichtigen Kern: die Frage nach Wirtschaftlichkeit einerseits und den Respekt vor der Natur und dem Arbeiten mit der Natur andererseits. Für die Landwirte ist dieses Spannungsfeld im Alltag immer wieder spürbar. Sie müssen eine bestimmte Qualität liefern, sie müssen Mengen realisieren, haben es aber in der täglichen Arbeit mit realen Lebewesen zu tun, die sie nicht nur als Wirtschaftsobjekte erleben. Hier führen die Landwirte vor allem moderne Technologie als Lösung und Perspektive an. In zukunftsweisenden Formen von Anbau und Tierhaltung sehen sie die Chance, Qualität, Wirtschaftlichkeit und Respekt vor der Natur zu verbinden. Das erscheint ihnen attraktiver als ein Zurück zu traditionellen Formen.

Die Verbraucher reagierten auf das Konzept deutlich anders als die Landwirte. Entschleunigung und eine Lebensqualität jenseits von Effizienz und Zeitdruck bedienen insgeheime Sehnsüchte bei den Befragten. Auch der Gedanke, Respekt vor der Natur und einen modernen Alltag zusammenzubringen, bedient ein sehr zeitgemäßes Ideal. Allerdings fällt es den Verbrauchern auch leicht, dem zuzustimmen, da sie die Aufgabe, mehr Lebensqualität zu entwickeln, sozusagen bei den Landwirten „abladen" können.

Ein eigener Anteil im Sinne von Konsequenzen, Opfern, Einsatz oder auch Umstellung im Leben kann so vermieden werden. Die befragten Verbraucher sehen daher vor allem die Textpassage des Textes kritisch, die mit der Aussage „Qualität hat ihren Preis" höhere Preise für landwirtschaftliche Erzeugnisse nahelegt.

FAZIT

Das Narrativ-Konzept überwindet die oben geschilderte gesellschaftliche Trennung von Landwirten und Verbrauchern nicht, sondern zementiert sie eher. Viele Landwirte fühlen sich hier als einen von der Gesellschaft abgetrennten Teil dargestellt: Sie sollen die Vorbilder für mehr Lebensqualität sein, obwohl ihre Arbeitsbedingungen noch massiver von Effizienz-Denken und Stress geprägt sind als die des „Rests" der Bevölkerung, der sich in Zeiten des Lockdowns sogar Entschleunigung leisten kann. Bei den Verbrauchern belebt das Narrativ-Konzept vor allem die Projektion von Lebensidealen auf die Landwirtschaft, jedoch ohne Anbindung an mögliche Konsequenzen und einen eigenen Beitrag.

› ZUKUNFTS-BAUER

Das Narrativ-Konzept „Zukunfts-Bauer" sollte ganz bewusst einen Kontrapunkt zur öffentlichen Meinungsbildung setzen, die die Landwirtschaft im Großen und Ganzen eher konservativ und sehr traditionell einschätzt. Das

Konzept sollte prüfen, ob Entwicklungen und Zukunftskonzepte aus der Landwirtschaft auch für ein größeres Publikum attraktiv sein können. Die Hypothese war, dass Weiterentwicklungen in der Landwirtschaft neue, spannende Seiten darlegen können, die stereotype Wahrnehmungen überwinden und zu mehr Wertschätzung in der öffentlichen Meinungsbildung führen.

Ein treibender Gedanke dabei war, dass man die Landwirtschaft möglicherweise im Vergleich zur Automobil- oder Informationstechnologiebranche als rückständiger einstuft. Zukunftskompetenz erschiene so gesehen überaus positiv und Landwirtschaft als ein Bereich der Gesellschaft, der wie andere auch, an neuen, weniger zerstörerischen Formen des Wirtschaftens orientiert ist und hier auch einen Beitrag leistet. Die Frage war, welche Formen bzw. Bilder von Modernität und Zukunft der Landwirtschaft neue, faszinierende, spannende Entwicklungen darstellen und mit welchen Widerständen zu rechnen ist.

In diesem Narrativ wurde betont, dass die Landwirtschaft der Zukunft moderne Entwicklungen, wissenschaftlichen und technologischen Fortschritt nutzt,

Landwirtschaft heißt, Zukunft gestalten. Wenn die Zukunft für immer mehr Menschen gesichert werden soll, können Umwelt, Böden und Vieh nicht immer weiter so ausgebeutet werden, dass sie dauerhaft geschädigt werden. Landwirtschaft der Zukunft bedeutet daher mehr als Ertragssteigerung. Schon jetzt produziert die Landwirtschaft erneuerbare Energien, entwickelt z. B. Kartoffelzüchtungen für Salzböden oder arbeitet an Steigerungen der Bodenqualität mit dem Ziel, weniger Pflanzenschutz einsetzen zu müssen. Landwirtschaft war schon immer aufgeschlossen gegenüber neuen Technologien. Die Kombination alten Wissens und moderner Technik kann Nachhaltigkeitsaspekte stärken und Umwelt bewahren, ohne dass dies zulasten der Produktionsmengen gehen muss. Technik und Landwirtschaft könnten also in der Zukunft mehr denn je miteinander harmonieren.

In der Studie vorgelegter Text zum Narrativ-Konzept 5

um einerseits die erforderliche Versorgung sicherzustellen, andererseits jedoch dabei die Natur weniger schädigt. Es soll eine Art neues Zukunftsprogramm für die Landwirtschaft darstellen: Nicht Ertragssteigerung um jeden Preis, sondern Nachhaltigkeit ohne Verzicht. Dabei wurde im Narrativ-Konzept die Verbindung von moderner Technologie und altem Erfahrungswissen betont. Die Vermutung war dabei, dass bewährte, traditionelle Vorgehensweisen in Deutschland als hohes Gut in der Landwirtschaft angesehen werden, die man nicht zugunsten einer Art „Hightech-Landwirtschaft" aufgeben möchte. Das Konzept stellt daher ein „Harmonieren" von Technik und Tradition anhand von Beispielen heraus.

Die Perspektive der Landwirte

Die Landwirte reagierten sehr positiv auf das Narrativ-Konzept „Zukunfts-Bauer". Sie fühlten sich verstanden und in ihrem Selbstverständnis gut getroffen. In den Interviews wurde deutlich, dass Landwirte – egal, ob „bio" oder „konventionell" – stolz sind auf die Fortschrittlichkeit ihrer Methoden. Wenn Landwirte davon erzählen, wie sie bei Düngung, Schutz von Wildtieren etc. vorgehen, dann wollen sie ein hohes Maß an Fachkompetenz vermitteln. Berechnung und Ausgabe von Pflanzenschutzmitteln sind bereits heute computergesteuerte Hightech-Angelegenheiten. Unabhängig davon, in welchem Maße man diese Technologien als Landwirt aktuell nutzt, bringen Landwirte mit Begeisterung und Überzeugung Beispiele von technologischer Modernität an: Wärmebildkameras zum Schutz von Wildtieren, genaue Analysen des Düngebedarfs für bestimmte Anbauflächen, computergestützte „Buchführung" über Pflanzenschutz etc.

Die Landwirte begrüßen es sehr, dass das Narrativ-Konzept „Zukunfts-Bauer" sie in einem anderen als dem üblichen Klischeebild darstellt. Es ist ihnen spürbar ein Anliegen, sich nach außen, gegenüber der Bevölkerung, als nicht rückständig, sondern fortschrittlich und modern zu zeigen. Sie fühlen sich durch die Erzählung gewürdigt: als Unternehmer, Manager der Natur, aber auch als kompetente Spezialisten, die wie in anderen Branchen auch selbstverständlich Laptop und Tablet nutzen. Landwirte wünschen sich, dass die Öffentlichkeit deutlicher mitbekommt, dass sie sehr wohl aufgeschlossen sind gegenüber Neuerungen.

Ein weiterer Aspekt war den Landwirten dabei jedoch auch sehr wichtig. Sie bestätigten durchweg, dass gerade die Verbindung von traditionellem Erfahrungswissen und modernen Technologien das Besondere einer zukunftsweisenden Landwirtschaft ausmacht. Landwirte sind auch stolz auf ihre Erfahrung und das „Lesen der Natur" jenseits von Technik. Ähnlich wie ein guter Chefarzt oder Handwerker, verlassen sich viele von ihnen nicht nur auf Apparate. Ihr Gefühl, z. B. im Hinblick auf den Zustand von Tieren, möchten sie auch nicht verlieren, es ist Teil der Freude an der Arbeit sowie ihrer Kompetenz. Insofern trifft das Ideal einer Harmonie von Erfahrung und Tradition mit moderner Forschung ihr Selbstverständnis und ihre Zukunftsperspektive.

Die Perspektive der Verbraucher

Bei den Reaktionen der Verbraucher dominierte die Überraschung: Bei diesem Konzept hatten sie am deutlichsten das Gefühl, etwas Anderes, Neues und tendenziell auch Spannendes über Landwirtschaft zu erfahren, das ihnen so nicht bekannt war. Solche neuen, spannenden Seiten der Landwirtschaft fanden jedoch nur Akzeptanz, wenn sie sich in den Dienst eines nachhaltigen und die Natur schonenden Wirtschaftens stellten. Wenn auch nur der Verdacht aufkam, dass eine neue Züchtung vor allem dazu diene, die Natur für eine „Gewinnmaximierung auszubeuten", wurde sie nicht mehr als zukunftsweisende, „gute" Weiterentwicklung bewertet. „Technologie" oder „Züchtung" sind Bereiche, die schnell auch negativ und zerstörerisch wahrgenommen werden.

So schwingt bei Züchtung psychologisch immer auch die „Züchtigung" mit, also eine Art aggressiver Übergriff auf die Natur, der nur im Dienste der menschlichen Maximierungsinteressen steht. Weiterhin ist Züchtung auch schnell mit dem Bild einer „Zombifizierung" und genetischen Manipulation der Natur verbunden. Ähnlich verhält es sich mit dem Begriff „Technologie". Auch hier fällt es vielen Verbrauchern schwer, ihn im Kontext von

Landwirtschaft positiv zu sehen. Eine Technifizierung im Umgang mit Naturprodukten bringen sie schnell mit dem Bild einer rein auf Effizienz und Maximierung ausgerichteten, herzlos-ausbeuterischen Landwirtschaft in Verbindung. Wenn jedoch deutlich wird, dass Technik Natur schützen kann – wie etwa bei Drohnen mit Wärmekameras, die Kitze vor der Gefahr eines Mähdrescher bewahren, wird eine andere, die Natur respektierende Perspektive auf Hightech in der Landwirtschaft möglich. So war auch aus Verbrauchersicht die Verbindung von traditionellem Wissen und modernen Entwicklungen ein extrem wichtiger Punkt des Konzeptes. Sie nimmt ihnen die Sorge, dass der Landwirt der Zukunft Gefühl, Empathie und die sinnlich-innige Verbindung zu Pflanzen und Tieren verliert.

FAZIT

Das Narrativ-Konzept „Zukunfts-Bauer" wurde von Landwirten und Verbrauchern positiv bewertet und konnte im Vergleich aller Narrativ-Konzepte beide Seiten am besten überzeugen. Landwirte fühlen sich in einem attraktiven Bild erkannt, das über die veraltete Trennung von „guten Bullerbü-Bauern" einerseits und „ausbeuterischen Industrie-Bauern" andererseits hinausgeht. Sie fühlen sich als fortschrittsoffene Experten anerkannt. Für die Verbraucher gewinnt die Landwirtschaft dagegen neue Seiten und zeigt spannende, attraktive Entwicklungen auf.

Dem Narrativ-Konzept gelingt es damit, einen gemeinsamen Nenner für Landwirte und Verbraucher zu finden. Denn Landwirte und Verbraucher sind sich insofern „einig", als Landwirtschaft sich in Zukunft in eine Richtung entwickelt, die Ertrag und Nachhaltigkeit, Wirtschaftlichkeit und Natur-Respekt zusammenbringt. Für die öffentliche Meinungsbildung liegt die Herausforderung darin, moderne Entwicklungen, Fortschritte und Technologien so zu vermitteln, dass sie das Ideal von Naturnähe der Landwirtschaft nicht zerstören.

Diagnose für die Zukunft

Welche Botschaften können nun etwas bewegen und
haben das größte Narrativ-Potenzial?

**„Welche Wege führen
in die Zukunft?"**

Die qualitative Wirkungsanalyse der Konzepte auf Basis von intensiven
zweistündigen Gesprächen mit Verbrauchern und Landwirten ergab ein
klares Bild: Das Konzept „Zukunfts-Bauer" überzeugte beide Gruppen mit
Abstand am stärksten.

In der Gruppe der Landwirte fand erwartungsge-
mäß auch das Konzept Ernährer/Versorger großen Anklang. Anders verhielt es sich mit den Verbrauchern: Auch wenn die Verbraucher den
Aussagen dieser Konzepte grundsätzlich ebenfalls
zustimmten, bewegte das ihre vorurteilsbehafteten Ansichten über die Landwirtschaft nicht. Demnach kann dieses Konzept die bestehenden Stereotype
und den Stillstand in der öffentlichen Meinungsbildung nicht angehen.

Bei „Regionale Identitätsstifter" und „Lebensqualität" überzeugten nicht die
Konzepte als Ganzes, dagegen aber einzelne Passagen. Landwirte wie Verbraucher schätzen etwa die Bedeutung der Region sehr hoch ein und beide Gruppen einigt auch der Wunsch nach mehr Lebensqualität. Dennoch entwickeln
die Konzepte insgesamt keine Ansatzpunkte dafür, wie sie die öffentliche
Meinungsbildung über die Landwirtschaft beeinflussen können.

Völlig abgelehnt wurde von Landwirten und Verbrauchern das Konzept
„Bewahrer der Schöpfung". Es bringt keine neuen Impulse ein und auch
die Anleihe an christliche Überlieferungen bleibt ohne Wirkung.

Um die Diagnose weiter zu fundieren, haben in einem weiteren Untersuchungs-
schritt 501 Verbraucher und 116 Landwirte die Aussagen des Konzeptes „Zukunfts-Bauer" sowie positiv eingestufte Aussagen aus den anderen Konzepten
im Rahmen einer auf einem Fragebogen gestützten Untersuchung bewertet. Die
erzielten Zustimmungswerte bewegten sich dabei zwischen 81 Prozent und 99

Prozent – also auf einem sehr hohen Niveau. Das Konzept „Zukunfts-Bauer" schälte sich damit – empirisch abgestützt – als ein Konzept mit sehr großem Narrativ-Potenzial heraus. Es handelt sich jedoch bislang um ein in nur wenigen Sätzen umrissenes Konzept. In den nächsten Kapiteln geht es daher darum, das Narrativ-Potenzial weiter auszuloten und zu vertiefen: Welche Inhalte und welche Rahmenbedingungen sind zu beachten, wenn das Konzept „Zukunfts-Bauer" sein Narrativ-Potenzial ausspielen soll. Wieso hat das Konzept das Potenzial, gesellschaftlich etwas zu bewegen? Mit welchen Widerständen ist zu rechnen? Was lässt sich vielleicht auch für andere gesellschaftliche Felder daraus ableiten?

ZUSTIMMUNGSWERTE ZU DEN KONZEPT-ITEMS

Landwirtschaft heißt Zukunft gestalten: wenn die Zukunft für immer mehr Menschen gesichert werden soll, können Umwelt und Böden nicht so genutzt werden, dass sie geschädigt werden.

89 %

99 %

Landwirtschaft der Zukunft sollte mehr als Ertragssteigerung bedeuten: z. B. produziert die Landwirtschaft schon jetzt erneuerbare Energien, entwickelt z. B. Kartoffelzüchtungen für ertragsarme Böden, Salzböden oder arbeitet an Steigerungen der Bodenqualität.

88 %

86 %

Landwirtschaft war schon immer aufgeschlossen gegenüber neuen Technologien: Die Kombination alten Wissens und moderner Technik kann Nachhaltigkeitsaspekte stärken und Umwelt bewahren, ohne dass dies zulasten einer guten Ernte geht. Technik und Landwirtschaft könnten also in der Zukunft mehr denn je miteinander harmonieren.

86 %

90 %

Die Welt wird immer globaler. Gerade in den Städten gibt es oft überall die gleichen Geschäftsketten. Die ländlichen Regionen sind dagegen regional einzigartig. Die Landwirtschaft trägt dazu bei, dass unsere heimische, vertraute Kulturlandschaft erhalten bleibt.

84 %

96 %

Basis: Alle Verbraucher (n = 501) & Alle Landwirte (n = 116) Zusammengefasste Zustimmungswerte zu den Konzept-Items; Aggregation aus „Stimme zu" & „Stimme eher zu"

■ *Verbraucher* ■ *Landwirte*

53

Gestaltung der Zukunft 1

Neun zentrale Themen aus der Landwirtschaft

Dieses Kapitel ist vor allem für die öffentliche Diskussion im Umfeld der Landwirtschaft relevant. Es behandelt die Themenbereiche der öffentlichen Meinungsbildung über die Landwirtschaft und deren psychologische Hintergründe im Detail. Es ist daher besonders für Leser rund um die Landwirtschaft selbst interessant. Leser, die sich vor allem mit der Idee des „Zukunfts-Bauers" auseinandersetzen wollen, weil sie die generellen Rahmenbedingungen, die Behandlung von Stereotypen in der heutigen Gesellschaft, von Parallelgesellschaften oder von Stillstand in der öffentlichen Meinungsbildung in den Vordergrund stellen, können direkt zum nächsten Kapitel weitergehen.

„Zukunfts-Bauer" ist als das Konzept zu sehen, welches sowohl bei Landwirten als auch bei Verbrauchern große Akzeptanz erhalten hat. Es kann eine Grundrichtung vorgeben, um das ‚Schwarzer Peter-Spiel' aufzulösen

EXPLORIERTE BEREICHE

Tierwohl

Biologische Artenvielfalt

Regionaler Handel

Nähstoff-kreisläufe & Düngen

Quelle: rheingold salon

und einen neuen Weg in der öffentlichen Meinungsbildung über die Landwirtschaft einzuschlagen. In einer weiteren Untersuchungsphase ging es nun darum herauszuarbeiten, auf welchen Themenfeldern die Zukunft aus Sicht der Öffentlichkeit gestaltet werden muss.

Neun verschiedene Themenbereiche aus der Landwirtschaft standen dabei im Fokus. Die Basis für die Zusammenstellung der Themen bildeten die Ergebnisse der ersten Untersuchungsphase. Die befragten Landwirte und Verbraucher erhielten die Themen zunächst als Übersicht in gesammelter Form, um zu ermitteln, welche Bereiche spontane Reaktionen hervorrufen und welche die größte Relevanz für die öffentliche Diskussion mit sich bringen. In ausführlichen Einzelgesprächen ging es dann darum, ein vertiefendes Verständnis über die Relevanz der Themen zu erhalten. Die Themenbereiche wurden lediglich als Schlagworte ohne weitergehende Erläuterungen in die Befragung eingeführt, die Auslegung also wie bei einer öffentlichen Meinungsbildung den Befragten überlassen.

Die Auswahl der Bereiche sollte eine große Bandbreite der Themen abdecken, welche in der öffentlichen Diskussion zur Landwirtschaft zu finden sind:

Pflanzen-schutz & Pestizide	Erneuerbare Energien & Klimaschutz	Biologische Fortschritte & Züchtungen	Neue Technologien & Maschinen	Reduzierung des Flächen-bedarfs

Landwirte und Verbraucher differenzierten die Themenbereiche in ihrer Bedeutung – stuften aber alle als grundsätzlich relevant ein. Landwirte wie Verbraucher entwickeln dabei ein ganzheitliche Perspektive: Sie wünschen sich Neugestaltung in Gänze, nicht nur für einzelne Bereiche. Die Differenzierung der Themen erlaubt jedoch eine detaillierte Betrachtung und schafft Verständnis dafür, welche Themenfelder im öffentlichen Meinungsbild besonders präsent sind und damit eine große Ansteckungsfähigkeit für ein Narrativ-Konzept entwickeln können. Im Folgenden sollen diese Themenbereiche, ihre kulturelle Einordung und die Bewertung für das Narrativ-Konzept vorgestellt werden. Die Themenfelder werden in absteigender Bedeutungs-Rangfolge dargestellt.

Es zeigte sich, dass vor allem solche Themenbereiche eine Faszination und ein Potenzial für ein Narrativ entwickeln können, bei denen es um die Bewahrung der Natur und von natürlichen Prozessen geht. Ein Fortschritt in Wissenschaft und Technik, der keinen solchen Naturbezug entwickelt, führt in der öffentlichen Meinungsbildung zu kritischen Bewertungen – insbesondere bei Verbrauchern. Diese neigen dazu, wie oben ausgeführt, ihre eigenen Sehnsüchte nach einem stressfreien Leben „im Einklang mit der Natur" auf die Landwirtschaft zu projizieren. Moderne Entwicklungen in der Landwirtschaft müssen daher immer im Sinne der Natur erfolgen und dürfen diese nicht angreifen, um ein Bestandteil des Narrativ-Konzepts „Zukunfts-Bauer" zu sein. Landwirte neigen demgegenüber dazu, gerade die technologischen Fortschritte und ihre neuen Maschinen zu präsentieren und weniger die Bewahrung der Natur herauszustellen. Das Konzept „Zukunfts-Bauer" zeigt auf, dass beides gegeben sein muss, um in der öffentlichen Meinungsbildung zu punkten. Zum einen sind die Themenfelder, systematisch betrachtet, rationale, realitätsbezogene Ankerpunkte, an denen sich die Zukunfts-Wünsche für die Landwirtschaft aufhängen. Andererseits lassen sich an ihnen auch die psychologischen Dimensionen der öffentlichen Meinungsbildung über die Landwirtschaft festmachen: Die Fremd- und Selbstbilder zu den Landwirten mit all ihren Klischees und Motivationen können dabei nicht außen vor gelassen werden. Zukunft gestalten, heißt sie einzubinden.

Das Thema Tierwohl ist für Landwirte und Verbraucher von größter Bedeutung. Hintergrund: Das Verhältnis zu den Nutztieren hat sich auf Verbraucherseite in den letzten Jahren mehr und mehr verändert. In biblischen Bildern ausgedrückt: „Macht Euch die Erde untertan" ist für viele nicht mehr das maßgebliche Credo. Nicht zuletzt vor dem Hintergrund des Klimawandels wird stattdessen die „Arche Noah" maßgebend. Auch die Nutztiere avancieren dadurch stärker als bislang zu beseelten und damit auch seelenverwandten, schützenswerten Wesen. Aufzucht-, Haltungs- und Schlachtbedingungen rücken daher deutlich kritischer in den Blick als noch vor einigen Jahren. Landwirte betonen demgegenüber, dass sie in den Tieren immer schon eigenständige Lebewesen gesehen haben, diese aber eben auch Bestandteil eines Wirtschaftsbetriebes sind.

Die Sicht der Verbraucher

Die Verbraucher glauben, dass die Landwirte das Tierwohl aktuell stark vernachlässigen. Vor allem die mediale Aufarbeitung von Skandalen und der „Massentierhaltung" prägt ihre Bilder und Ansichten. Besonders „Massentierhaltung" ist etwas, was die allgemeine Bevölkerung stark ablehnt. Hier fühlen sie sich unbewusst an die Gleichförmigkeit ihres eigenen Alltags erinnert: Auch sie sitzen „wie in Käfighaltung" im Büro und haben kaum Bewegungsfreiräume.[22] „Massentierhaltung" wird so als Verkehrung einer kulturell-gesellschaftlichen Entwicklung gesehen, welche viele Verbraucher nicht mehr mitgehen wollen. Entsprechend wünschen sie sich ein Bullerbü – für die Tiere und für sich selbst, in dem es zurück zu einem „natürlichen Umgang" im „Einklang mit der Natur" geht, in dem sie sich frei entfalten können. In den Medien finden sich positive Nachrichten zur Tierhaltung meist entsprechend rund um die Bio- und Freilandhaltung.

Die Sicht der Landwirte

Die größtenteils kritische Einstellung der Verbraucher gegenüber der Tierhaltung ist den Landwirten ein Dorn im Auge. Sie sehen die Entwicklung

---

[22] Heinz Lohmann Stiftung, Öffentliche Meinung in der Krise. Eine tiefenpsychologische Studie des rheingold salon im Auftrag der Heinz Lohmann Stiftung. Visbeck, 2015.

des Tierwohls sehr positiv und unterstreichen die gestiegenen Standards in Haltung, Ernährung und medizinischer Versorgung der Tiere. Wissenschaft, Technik und Tiermedizin sind für sie schon deutlich weiter, als die Bevölkerung annimmt. Die ständigen Diskussionen mit Verbrauchern, denen aus ihrer Sicht entscheidende Informationen fehlen oder die den Zusammenhang nicht verstehen wollen, sind sie leid. Die größte Ursache für diese Problematik sehen sie in der medialen Aufarbeitung, welche sich vor allem auf Skandale konzentriert.

Hier fühlen sich die Landwirte doppelt unfair behandelt. Die Anforderungen des Marktes setzen sie unter Druck, weshalb sie „auf Masse" produzieren müssen, aber gleichzeitig die dafür notwendigen Methoden nicht nutzen sollen. Statt bessere Rahmenbedingungen zu honorieren, kauft die Bevölkerung in großen Teilen doch weiterhin „Billigfleisch".

Dabei befürworten auch die Landwirte eine bessere Tierhaltung und schätzen entsprechende Fortschritte in der Technik. Wenn beispielsweise die Fütterung automatisch abläuft, brauchen sich die Landwirte nicht mehr händisch damit aufhalten und können die entstandenen Freiräume nutzen, um sich fürsorglicher um einzelne Tiere zu kümmern. Eine Entwicklung, die jedoch bei den Verbrauchern kaum ankommt.

Potenzial für das Narrativ Konzept „Zukunfts-Bauer"

Das Thema Tierwohl hat eine große Bedeutung für das Narrativ-Konzept „Zukunfts-Bauer". Es ist sowohl für Verbraucher als auch für Landwirte das relevanteste Themenfeld in der öffentlichen Meinungsbildung über die Landwirtschaft. Zukunfts-Bauer kommen um Tierwohl nicht herum. Damit das gelingt, müssen Verbraucher wieder stärker mit einer „stressfreien" Tierhaltung abseits der medialen Skandale in Verbindung kommen. Dies kann auch mit modernen Methoden erfolgen, wie z. B. dem Format „Tierwohl.TV": Hier zeigen in den Ställen angebrachte Webcams dem Kunden im Handel live, wie sich die Tiere vor Ort verhalten und wie sie gehalten werden. Die Kunden sehen ihre Sehnsüchte nach einem guten Umgang mit den Tieren auf diese Weise im wahrsten Sinne des Wortes realisiert.

Die beteiligten Landwirte wollen natürlich keinen schlechten Eindruck machen und halten die Ställe daher in einem kamerareifen Zustand.

Zukunft gestalten, kann aber auch heißen, dass Maschinen und Technik zum Beispiel immer mehr Vorgänge beim Füttern und Reinigen der Ställe übernehmen, ohne dass Landwirte dabei die Verbindung zu den Tieren verlieren. Zudem entstehen so unter Umständen mehr zeitliche Freiräume. Diese Freiräume ermöglichen dann wieder einen längeren Umgang mit den Tieren.

Die große Bedeutung des Themas Tierwohl zeigte sich sowohl in der tiefenpsychologischen Befragung als auch in der repräsentativen Untersuchung. Beide Male setzten Landwirte und Verbraucher das Thema Tierwohl im Abgleich mit der Bedeutung der anderen befragten Themen am häufigsten auf Platz 1.[23]

TIERWOHL

36 %
der Verbraucher
sehen hier das größte Potenzial.

38 %
der Landwirte
sehen hier das größte Potenzial.

> **BIOLOGISCHE ARTENVIELFALT**

Auch das Thema biologische Artenvielfalt bewegt Verbraucher sowie Landwirte stark. Sie fordern Maßnahmen, die zum Erhalt von Pflanzen, Tieren und Insekten beitragen. Besonders das „Bienensterben" ist allgemein bekannt und sorgt für große Empörung. Viele Landwirte wirken hingegen von dieser Thematik eher angenervt und verweisen auf Fortschritte, die die Landwirtschaft bereits vorweisen kann. Die Debatte um die biologische Artenvielfalt betrifft ihrer Ansicht nach nicht ausschließlich die Landwirtschaft, sondern weitet sich ebenfalls auf Industrie, Verkehr oder auch private Handlungen aus.

Die Sicht der Verbraucher

Wenn es um biologische Artenvielfalt geht, betonen die Verbraucher immer wieder ihr Verständnis für die Arbeitsweisen der Landwirtschaft. Sie betonen den großen Druck, unter dem die Landwirte stehen und drücken

---

[23] Rheingold salon: Zukunfts-Bauer – Über die Analyse und Gestaltung des öffentlichen Vertrauens; ursprünglicher Arbeitstitel „Wertschätzung für die Landwirtschaft nach dem Corona-‚Schock'". Frage: Welcher Bereich hat für Sie das größte Potenzial, um ihr Bild von der Landwirtschaft in Zukunft zu verbessern? Ordnen Sie den Bereich mit dem meisten Potenzial als oberstes ein, den mit dem geringsten als unterstes." 36 Prozent der Verbraucher und 38 Prozent der Landwirte ordneten das Thema „Tierwohl" an erster Stelle ein.

ihr Mitgefühl aus. Dennoch fordern sie einen stärkeren Schutz der biologischen Artenvielfalt. Besonders das Überleben der Bienen sorgt die Verbraucher. Bienen repräsentieren ein funktionierendes und gesundes Ökosystem, einen „guten" Umgang mit der Natur. Die strukturierte Moderne, ihre Technik ihre gleichförmigen Monokulturen und der dazugehörige Stress sollen die Welt nicht dominieren, alles darf noch sein und wachsen. Hierzu passt, dass Imkern selbst mittlerweile ein Trend-Hobby ist, die Anzahl der Imker (privat und beruflich) und der Bienenstämme nimmt in Deutschland kontinuierlich zu.[24] Eine Landwirtschaft, die Bienen scheinbar schadet, kann nach ihrer Vorstellung nicht im Einklang mit der Natur sein. Um Bienen, aber auch andere Insekten, Kleintiere, Blumen, Bäume und weitere Pflanzen besser zu schützen, fordern die Verbraucher von der Landwirtschaft, weniger Dünge- und Spritzmittel einzusetzen, mehr Grünstreifen anzulegen und generell schonender mit der Natur umzugehen. Dass die Natur auch zerstörende Seiten mit sich bringt, welche die Artenvielfalt angreifen, z. B. aggressive Käfer oder Pilze, blenden die Verbraucher weitestgehend aus. Ein natürliches Recht des Stärkeren gilt für sie nicht. In ihrer Vorstellung von Natur gibt es für alle einen Platz.

Die Sicht der Landwirte

Biologische Artenvielfalt ist auch den Landwirten durchaus wichtig. Sie wollen jedoch selbst darüber bestimmen, in welchem Maße sie sich für den Erhalt vielfältiger Natur einsetzen. So erzählen die Landwirte gerne und mit Stolz von selbstaufgestellten Wasserstellen für Vögel und Insekten, bunten Blühstreifen abseits der Felder oder privaten Gemüsegärten. Durch derartige Aktionen können sie sich um Artenvielfalt kümmern und behalten gleichzeitig die Kontrolle über ihre Flächen.

Durch die öffentliche Diskussion rund um die Artenvielfalt und das Bienensterben fühlen sich Landwirte dagegen häufig fremdbestimmt. Sie sind in ihrem Alltag bereits oft abhängig von externen Faktoren und Auflagen. Auf weitere Einschränkungen durch Politik und Gesellschaft reagieren sie entsprechend kritisch. Sie kämpfen eher für eine weitergehende Selbstbe-

---

[24] Statista.de (2021): Anzahl der Bienenvölker in Deutschland nach Landesverbänden des Imkerbundes in den Jahren 2013 bis 2021: https://de.statista.com/statistik/daten/studie/152920/umfrage/bienenvoelker-in-deutschland/.

stimmung. Das wird allerdings durch die zunehmenden Vorschriften für sie immer schwieriger.

Landwirte betonen demgegenüber die Fortschritte, welche die Branche in den letzten Jahren ihrer Meinung nach gemacht hat. Sie sehen eine Verantwortlichkeit für das Bienen- und Insektensterben auch bei Industrie und Verkehr. Die existierenden und geforderten Maßnahmen erleben sie als unnötige Belastung ihrer Arbeit bis hin zur ungerechtfertigten Gängelung. Poli-

ZUSTIMMUNGSWERTE ZU MASSNAHMEN IN DER LANDWIRTSCHAFT

Im Rahmen von Projekten sichern Landwirte den Fortbestand von Vogelarten: z. B. legen sie Feldlerchenfenster und Kibitzinseln an, um seltene Bodenbrüter zu schützen und deren Fortbestand zu fördern. Das ist ein guter, zukunftsweisender Ansatz und sollte weiter unterstützt und realisiert werden!

 **89 %**

82 %

Landwirte stellen vor der Ernte sicher, dass keine Tiere zu Schaden kommen: z. B. zusammen mit Jägern oder mit Drohnen mit Wärmebildkameras und mähen das Feld von innen nach außen, damit Tiere flüchten können. Das ist ein guter, zukunftsweisender Ansatz und sollte weiter unterstützt und realisiert werden!

 **87 %**

97 %

Landwirte sichern den Fortbestand von Insekten: z. B. haben sie im vergangenen Jahr Blühstreifen als Lebensraum für Insekten bundesweit auf einer Länge von 230.000 km angelegt. Das ist ein fünf Meter breites Band, das fast sechsmal um die Erde reicht. Das ist ein gutes, zukunftsweisendes Vorgehen und sollte weiter unterstützt und realisiert werden!

Basis: Alle Verbraucher (n = 501) & Alle Landwirte (n = 116) Zusammengefasste Zustimmungswerte zu den Konzept-Items; Aggregation aus „Stimme zu" & „Stimme eher zu"

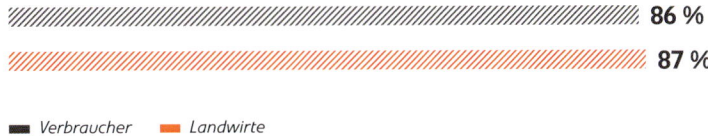 **86 %**

87 %

■ *Verbraucher* ■ *Landwirte*

tischen Verbänden, welche die Maßnahmen und Regelungen festlegen, unterstellen sie dabei nicht selten realitätsfernen Aktionismus und fühlen sich genervt von den ständigen Kritiken und Forderungen der Bevölkerung.

Potenzial für das Narrativ-Konzept „Zukunfts-Bauer"

Zusammen mit dem „Tierwohl" hat die „Biologische Artenvielfalt" das größte Potenzial, um durch das Narrativ viele Menschen zu erreichen. Landwirte stimmen Maßnahmen zum Schutz der Artenvielfalt in großem Umfang zu.

ZUSTIMMUNGSWERTE ZU MASSNAHMEN IN DER LANDWIRTSCHAFT

In einem Projekt werden Landwirte, Jäger und ehrenamtliche Naturschutzinteressierte zu lebensraum-verbessernden Maßnahmen der Agrarlandschaft beraten. In den ausgewählten Projektrevieren werden exemplarisch Möglichkeiten der Lebensraumgestaltung erarbeitet.

 **85 %**

94 %

In einem Projekt werden auf landwirtschaftlichen Betrieben abgestimmte Maßnahmen zur Sicherung der Artenvielfalt identifiziert, um diese möglichst effektiv und ökologisch auf den Äckern umzusetzen. Naturschützer, Jäger und Landwirte handeln hier gemeinsam.

 **85 %**

94 %

In einem Projekt erproben Naturschützer und Landwirte gemeinsam auf zehn landwirtschaftlichen Demonstrationsbetrieben Maßnahmen, die dem Naturschutz dienen und gleichzeitig praxistauglich und wirtschaftlich tragfähig sind. Das ist ein guter, zukunftsweisender Ansatz und sollte weiter unterstützt und realisiert werden!

 **85 %**

92 %

■ *Verbraucher* ■ *Landwirte*

Basis: Alle Verbraucher (n = 501) & Alle Landwirte (n = 116) Zusammengefasste Zustimmungswerte zu den Konzept-Items; Aggregation aus „Stimme zu" & „Stimme eher zu"

Der Einsatz moderner Mähmethoden und Technik wie Wärmebildkameras oder Drohnen für den Artenschutz greift auch Aspekte des Selbstbildes von vielen Landwirten auf. Verbraucher wollen die Natur zunächst vor gefährlicher Technik schützen. Wenn Technik jedoch glaubhaft für den Artenschutz eingesetzt wird, findet sie auch bei ihnen große Akzeptanz.

Landwirte zeigen zudem ein hohes Interesse an Optionen, die sie im Artenschutz vor Ort weiterbilden und weiterentwickeln. Sie wollen dabei gerne Teil einer Gemeinschaft mit Naturschützen und Jägern sein, die sich für biologische Artenvielfalt einsetzt. Weg vom Außenseiterdasein zu kommen und wieder mehr Teil der Gemeinschaft zu sein, ist ein zentrales Motiv. Last but not least bewunderten die Verbraucher die Landwirte für ihre große Kompetenz im Umgang mit der Natur. Die Zunahme der Anzahl an Imkern oder das Interesse vieler junger Menschen an Schrebergärten ist auch ein Interesse daran, selbst mehr Natur zu erleben und zu gestalten. Viele der interviewten Verbraucher hätten gerne Landwirte um Rat gefragt, wenn es um ihre Pflanzen oder ihren Garten ging. Es fehlte ihnen jedoch oft an Kontakten zu Landwirten oder auch schlichtweg am Mut, Landwirte anzusprechen. Kontakt- und Gesprächsangebote vonseiten der Landwirte an Verbraucher – heutzutage auch online möglich – waren ihnen nicht bekannt. Die Aufspaltung in Parallelgesellschaften von Bauern und nicht in der Landwirtschaft tätiger Bevölkerung ließ sie aber auch nicht nach einer solchen Möglichkeit suchen. Die Übernahme von Tierpatenschaften war zudem ein Thema insbesondere für Familien mit Kindern.

Landwirte halten biologische Artenvielfalt in der repräsentativen Befragung sogar vor dem Tierwohl für das wichtigste Thema in Zukunft, die Verbraucher sehen es auf Platz zwei.

BIOLOGISCHE ARTENVIELFALT

27 %
der Verbraucher
sehen hier das größte Potenzial.

39 %
der Landwirte
sehen hier das größte Potenzial.

› REGIONALER HANDEL

„Region" umschreibt für Verbraucher und Landwirte einen wichtigen Bedeutungskomplex. Regionale Produkte werden auf Verbraucherseite sehr breit geschätzt – für Klimaaktivisten bis hin zu konservativ-heimatorientierten Bürgern steht Region hoch im Kurs. Die einen heben vor allem kurze klimaschonende Transportwege hervor, die anderen eine Unterstützung der Menschen und Lebensweisen vor Ort. Auch die Landwirte wünschen sich eine Wertschätzung der Region und ihrer Leistungen in und für die Region. Den Ausbau des regionalen Handels halten Verbraucher und Landwirte daher für einen wichtigen Bestandteil der Zukunftsgestaltung in der Landwirtschaft.

Bereits jetzt erzählen Verbraucher immer wieder, dass sie gerne versuchen, regionale Produkte im Handel einzukaufen. Die meisten mögen zudem Hofläden und freuen sich darüber, wenn sie diese im eigenen Umfeld besuchen können. Auch die Landwirte halten direkte und unmittelbare Kontakte in der Region für wichtig, beispielsweise über regionale Vertriebspartner, Kunden im Hofladen oder Patenschaften für Tiere und Ländereien.

Die Sicht der Verbraucher

Mit regionaler Landwirtschaft kommen Verbraucher in ihrem Alltag in den meisten Fällen nur mittelbar über die Supermärkte und Verbrauchermärkte der großen Handelsketten in Kontakt. Der Lebensmitteleinzelhandel hat das Kundeninteresse an regionalen Produkten erkannt und versucht, dies auch in seinem Angebot aufzugreifen. Dennoch sehnen sich viele Verbraucher nach einem weitergehenden, „authentischen" Kontakt zur regionalen Landwirtschaft – kommen aber in den Alltagsroutinen oft zeitlich nicht dazu, dies einzurichten. Daher sind Besuche von Hofläden für viele Verbraucher echte Erlebnisse. Als „Ausflugsziel" können sie hier hautnah Landwirtschaft erleben. Das Erlebnis ist dabei vielleicht oft auch inszeniert, was sie aber nicht stört. Sie wünschen sich ein bisschen landwirtschaftliches Klischee in Richtung Bullerbü, und viele Hofläden bieten dieses Erlebnis. Moderne Hofläden können über dieses Klischee hinausgehen und beispielsweise Spezialkompetenzen ausspielen wie ein breites Angebot selbst hergestellter Käse oder ein großes Angebot frischer und weiterverarbeiteter Beeren oder Äpfel. Entscheidend ist die Nähe zum Ort der Erzeugung.

Städtische Discounter und Supermärkte beginnen immer mehr, ihr Obst- und Gemüsesortiment im Sinne einer Hof-Ästhetik mit Holzelementen und Kisten zu inszenieren. Hofläden mögen zwar noch authentischer sein, können in dieser Liga allerdings nicht mitspielen. Eine ernstzunehmende Alternative für den regelmäßigen Einkauf sind sie daher kaum. Sie sind zu schwer zu erreichen und bieten nicht annähernd die Auswahl der Supermärkte. Auch wissen viele Menschen gerade in Großstädten nicht, welches Angebot an Hofläden in ihrer Nähe existiert. So werden Hofläden eher für spezielle Einkäufe genutzt oder man stolpert zufällig über sie. Eher machen Verbraucher einen Ausflug aufs Land und freuen sich, hier noch frische Eier mitnehmen zu können.

REGIONALER HANDEL

23 %
der Verbraucher
sehen hier das größte Potenzial.

27 %
der Landwirte
sehen hier das größte Potenzial.

Die Sicht der Landwirte

Auch die Landwirte haben die Faszination um Hofläden längst mitbekommen. Nicht alle können vor dem Hintergrund ihrer Hofausrichtung auch einen Hofladen führen. Diejenigen, die einen Hofladen betreiben, schätzen die Abwechslung in ihrem Arbeitsalltag und das Interesse der Kundschaft und freuen sich darüber, ihr Wissen zu teilen. Hier können sie die Wertschätzung der Bevölkerung, die sie sich immer wünschen, hautnah erfahren und die Kunden gleichzeitig über die Verhältnisse in der Landwirtschaft aufklären.

Allerdings fühlt sich nicht jeder Landwirt dazu berufen, einen Hofladen zu betreiben. Viele sehen darin eine zusätzliche Arbeit, die ihnen kaum finanzielle Gewinne verschaffen kann. Stattdessen verlangt der Laden viel Zeit und Aufmerksamkeit, die auch an anderer Stelle gut gebraucht werden kann. Zusätzlich möchte sich auch nicht jeder Landwirt mit Kunden auseinandersetzen. Gerade Betreiber konservativer Betriebe befürchten, schnell in ziellose Diskussionen um verschiedene Anbauweisen verstrickt zu werden, die sie nicht gewinnen können.

Potenzial für das Narrativ-Konzept „Zukunfts-Bauer"

Regionaler Handel ist eine Möglichkeit, die Welt der Landwirte und der Verbraucher miteinander in Kontakt zu bringen. Beide Seiten haben ein Interesse daran, sodass regionaler Handel eine wichtige Rolle in der Zukunft der Landwirtschaft einnehmen kann. Eine zentrale Rolle wird dabei der klassische Lebensmitteleinzelhandel spielen, da die Verbraucher dort überwiegend einkaufen. Als quasi dritter Player möchte er ebenfalls Verbraucherwünsche aufgreifen und regionale Angebote präsentieren können.

Landwirte können zudem durch Hofläden, aber auch beispielweise durch Tierpatenschaften oder das Verpachten von landwirtschaftlichen Flächen für Schrebergärten eine regionale Verbundenheit schaffen – vorausgesetzt ihre Arbeitsweise lässt dies zu. Apps können heute zu Hofläden oder Möglichkeiten wie Patenschaften einfach informieren. Durch derartige Projekte bekommen Verbraucher einen leichteren Zugang zur Landwirtschaft und der Austausch zwischen den beiden Parallelwelten wird gefördert.

> NATURKREISLÄUFE & DÜNGEN
> PFLANZENSCHUTZ & PESTIZIDE

Die beiden Themenbereiche Naturkreisläufe und Düngen sowie Pflanzenschutz und Pestizide werden hier aufgrund ihrer ähnlichen Grundthematik und Bewertung zusammengefasst. Für Landwirte gehören beide Bereiche fest zur eigenen Arbeit dazu. Verbraucher stehen beiden Themen allerdings sehr kritisch gegenüber. Sie entwickeln aber eine gewisse Faszination für Kreisläufe und natürlichen Pflanzenschutz.

Die Sicht der Verbraucher

Künstlicher Dünger und Pestizide sind eine große Störstelle für Verbraucher. Hier findet ein Eingriff in die Natur statt, der der Bullerbü-Vorstellung widerspricht und den sie daher nicht gutheißen. Für sie unterjochen Landwirte damit die Natur und schalten sie gleich. Freies Wachstum und Entfaltung werden nicht geduldet. Besonders Pestizide, welche aus ihrer Sicht in erster Linie Natur „zerstören", lehnen die Verbraucher ab. Dass gerade Pestizide ein unkontrolliertes, zerstörerisches Ausbreiten der Natur (z. B. durch Pilze oder Milben) verhindern sollen, ignorieren sie weitgehend.

Demgegenüber finden Kreisläufe und Prozesse großes Interesse, die im Einklang mit der Natur ohne große menschliche Eingriffe stehen. Dazu gehören beispielsweise Pflanzen, die sich gegenseitig bestäuben oder auch, nebeneinander gepflanzt, sich gegenseitig vor Schädlingen schützen. Diese Formen des Zusammenspiels einer lebendigen Natur dienen zum einen als Beweis dafür, dass es vieler menschlicher Eingriffe eigentlich gar nicht bedarf und zum anderen dafür, dass die Natur – quasi wie eine göttliche Instanz – menschlichen Eingriffen und Bewirtschaftungsformen überlegen ist. Demnach muss man sie nur besser verstehen und nutzen, anstatt sie zu gefährden.

Die Sicht der Landwirte

In der Diskussion um Dünger und Pestizide sehen sich Landwirte meistens in der Defensive. Sie wollen hier am liebsten vor allem Aufklärungsarbeit bei der Bevölkerung leisten und auf die Notwendigkeit von Dünger und Pestiziden hinweisen. Viele sind enttäuscht darüber, dass die Anstrengungen in den letzten Jahren hin zu geringeren und präziseren Dosierungen keinen Einfluss auf die negative Wahrnehmung dieses Themas in der öffentlichen Meinungsbildung genommen ha-

NATURKREISLÄUFE UND DÜNGEN

21 %
der Verbraucher
sehen hier das größte Potenzial.

16 %
der Landwirte
sehen hier das größte Potenzial.

PFLANZENSCHUTZ UND PESTIZIDE

18 %
der Verbraucher
sehen hier das größte Potenzial.

17 %
der Landwirte
sehen hier das größte Potenzial.

ben. Dabei zeigen die Landwirte gerne ihr eigenes Expertentum und sind stolz, an neuen Projekten und technischen Entwicklungen beteiligt zu sein – wie etwa die Umwandlung von Gülle in anorganischen Dünger. Sie beklagen jedoch, dass moderne Maschinen, die etwa für ein „Precision Farming" benötigt werden, einen hohen finanziellen Aufwand erfordern.

Potenzial für das Narrativ-Konzept „Zukunfts-Bauer"

Bei den Themenfeldern Naturkreisläufe und Düngen sowie Pflanzenschutz und Pestizide bestehen große Diskrepanzen in der Wahrnehmung der Landwirte und der öffentlichen Meinungsbildung. Zustimmungen von beiden Seiten bekommt man, wenn moderne Techniken und Methoden dazu beitragen, einen fruchtbaren, aber dennoch schonenden und bewahrenden Umgang mit der Natur zu ermöglichen. Dies wird im positiven Sinne als „Zukunft gestalten" erlebt. „Precision Farming" kann dabei ebenso ein attraktiver Weg sein wie die Arbeit an einer idealen Bodengare, durch die die Pflanze mehr Abwehrkräfte gegen Schädlingsbefall entwickelt.

ZUSTIMMUNGSWERTE ZU MASSNAHMEN IN DER LANDWIRTSCHAFT

Landwirte setzen auf Innovation und Präzision: z.B. fahren viele Traktoren und Landmaschinen heute GPS-gesteuert, zentimetergenau oder Dünger und Pflanzenschutzmittel werden digitalgesteuert präzise aufgebracht. Das ist ein gutes, zukunftsweisendes Vorgehen und sollte weiter unterstützt und realisiert werden!

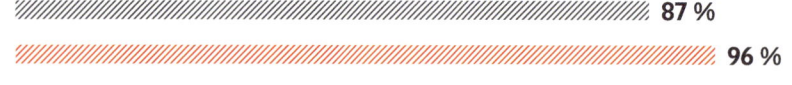 **87 %**

96 %

Landwirte setzen heute auf eine schonende Bodenbearbeitung: z.B. durch klimaeffiziente und wassersparende Anbauverfahren und durch vielfältige Fruchtfolgen und Zwischenfrüchte. Das ist ein guter, zukunftsweisender Ansatz und sollte weiter unterstützt und realisiert werden!

 **86 %**

86 %

Basis: Alle Verbraucher (n = 501) & Alle Landwirte (n = 116) Zusammengefasste Zustimmungswerte zu den Konzept-Items; Aggregation aus „Stimme zu" & „Stimme eher zu"

■ *Verbraucher*　■ *Landwirte*

❯ ERNEUERBARE ENERGIEN UND KLIMASCHUTZ

Im Verständnis der Befragten stellte sich Klimaschutz als ein übergeordnetes Thema heraus, das die verschiedenen Themenfelder umgreift. Der CO_2-Ausstoß, den die Tierhaltung verursacht, wurde hier nicht von den Befragten angesprochen, weil sie sich vor allem mit den erneuerbaren Energien beschäftigten. Letztere sind aus ihrer Sicht ein spannender Teil des Klimaschutzes. Verbraucher halten sie für ein – je nach Einstellung – mehr oder weniger notwendiges Energieformat. Viele Landwirte produzieren und nutzen bereits erneuerbare Energien. Allerdings geschieht dies größtenteils abseits der öffentlichen Wahrnehmung.

Die Sicht der Verbraucher

Dass Photovoltaikanlagen landwirtschaftliche Häuser und Scheunen bedecken, gehört wie selbstverständlich zum Bild eines modernen Hofs dazu. So sehr, dass die Verbraucher sie kaum noch wahrnehmen. In der Bewertung der Landwirtschaft und ihres Einsatz für den Klimaschutz vergessen Verbraucher erneuerbare Energien schnell und widmen sich anderen Themen. Darauf angesprochen, sehen die Verbraucher sie aber als tolle Unterstützung und wünschen sich ein präsenteres Auftreten. Besonders Photovoltaikanlagen finden viel Zuspruch. Biogasanlagen sind wiederum allgemein eher unbekannt. Eine besonders spannende Innovation sind erneuerbare Energien für Verbraucher allerdings auch nicht mehr. Der Einsatz für den Klimaschutz und die damit einhergehende Reduktion von Energie ist aus nahezu allen Bereichen des Alltags bekannt. Fast alle Unternehmen werben mit derartigen Maßnahmen. Die Landwirtschaft kann sich daher keine Sonderstellung erarbeiten, punktet aber dadurch, dass sie große Flächen mit Solaranlagen ausstattet und somit viel erreichen kann.

Die Sicht der Landwirte

Auch die Landwirte betrachten erneuerbare Energien als festen Bestandteil ihres Hofes und ihrer Einnahmen. Gerade Solaranlagen sind geläufig und beliebt, viele betreiben dazu Biogasanlagen. Letztere werden jedoch vermehrt als Last wahrgenommen: Die staatlichen Förderungen für Biogas erscheinen kompliziert und weniger lukrativ als ursprünglich angenommen. Obwohl der Strom aus Biogasanlagen gespeichert wird – ein entscheidender Vorteil gegenüber Solar- und Windenergie –, nimmt der Hype um Biogas in der Landwirtschaft stetig ab, die Zahlen sind rückläufig.[25]

Zudem halten die meisten Landwirte erneuerbare Energien nicht für einen originären Teil der Produktion auf ihrem Hof und präsentieren ihn nicht unbedingt gerne öffentlich. Denn hier geht es nicht um Viehwirtschaft, die Produktion von Lebensmitteln oder das Bewirtschaften des Landes. Solar- oder Biogasanlagen sind daher in der Regel eine Randerscheinung, der die Landwirte nicht zu viel Aufmerksamkeit geben wollen.

**ERNEUERBARE ENERGIEN
& KLIMASCHUTZ**

20 %
der Verbraucher
sehen hier das größte Potenzial.

24 %
der Landwirte
sehen hier das größte Potenzial.

Potenzial für das Narrativ „Zukunfts-Bauer"

Auch wenn sie nicht revolutionär sind und oft bereits fest zum Hof gehören, können erneuerbare Energien das Bild der Landwirtschaft positiv beeinflussen – aber eher am Rande, sozusagen in der B-Note. Denn sowohl Verbraucher als auch Landwirte wollen nicht, dass erneuerbare Energien zu sehr von den Kernthemen und Bildern der Landwirtschaft ablenken. Wenn Flächen statt zur Lebensmittelproduktion zur Energieerzeugung eingesetzt werden, kann das Verbrauchervotum sogar ins Negative umschlagen. Solar- oder Biogasanlagen können daher zum Gesamteindruck eines modernen Hofs beitragen, stehen aber eher im Hintergrund. Das Narrativ-Potenzial wird von Landwirten und Verbrauchern entsprechend eher geringer eingeschätzt.

› BIOLOGISCHE FORTSCHRITTE UND ZÜCHTUNGEN

Die Begriffe „Fortschritte in der Biologie" und „Züchtungen" wirken eher abstrakt und technisch. Für viele Befragte dominieren die wissenschaftlich-

---

[25] Deutsches Maiskomitee e.V. (2021): Statistik Biogas; https://www.maiskomitee.de/Fakten/Statistik/Deutschland/Statistik_Biogas.

abstrakten Seiten, welche schnell abstoßend wirken können. Besonders den Begriff „Züchtung" setzen Verbraucher schnell mit Genmanipulation gleich. In dieser Begrifflichkeit transportiert das Themenfeld wenig positive Zukunftsorientierung, es macht zu wenige Versprechen, die auf den Erhalt der Natur ausgelegt sind.

Die Sicht der Verbraucher

Die Verbraucher verfügen über nur sehr geringe Kenntnisse auf diesem Feld. Züchtungen sind für sie eher ein negativ besetztes Schlagwort: Hier entwickelt sich ihrer Ansicht nach Landwirtschaft weg von der Natur und hin zu problematischen Eingriffen der Menschen. Moderne Züchtungen ordnen die Verbraucher schnell so ein, dass sie die Landwirtschaft „standardisieren". Landwirte bringen Pflanzen durch diese Züchtungen auf eine einheitliche Linie, die die Vielfalt der Natur begrenzt und gefährdet. Dass Züchtungen dem Einsatz von Pestiziden auch vorbeugen können, ist im Bild der öffentlichen Meinungsbildung nicht präsent oder wird wiederum mit Genmanipulation in Verbindung gebracht. Genmanipulation ist dabei ein derart negativ besetztes Schlagwort, dass es jede Diskussion zu ersticken droht. Es suggeriert, dass die Natur mit unabsehbaren Folgen manipuliert wird.

BIOLOGISCHE FORTSCHRITTE
UND ZÜCHTUNGEN

19 %
der Verbraucher
sehen hier das größte Potenzial.

19 %
der Landwirte
sehen hier das größte Potenzial.

Die Sicht der Landwirte

Aufgrund der starken Abneigung innerhalb der Bevölkerung sprechen Landwirte das Thema Züchtungen nur äußerst ungerne an. Dabei können Züchtungen eine große Erleichterung für ihre Arbeit darstellen. Durch Resistenzen oder verbessertes Wachstum können Landwirte nicht nur Zeit und Aufwand sparen, sondern auch umwelt- und kostenschonender arbeiten. So können sie wiederum Gestaltungsspielräume für einen besseren Umgang mit Pflanzen und Tieren schaffen.

Potenzial für das Narrativ-Konzept „Zukunfts-Bauer"

Die starken Ressentiments der Verbraucher machen es zumindest in dieser Begrifflichkeit schwer, das Thema gewinnbringend für das Narrativ-Konzept „Zukunfts-Bauer" und für eine Auflösung des „Schwarze Peter"-Spiels einzusetzen. Die Verbraucher benötigen eine detailliertere Aufklärung und viel Kontext, um positive Effekte von Züchtungen wahrzunehmen wie z. B. Kartoffeln, die auf Salzböden wachsen können. Auch durch den Hinweis auf die finanzielle und zeitliche Entlastung der Landwirte kann nur geringes Potenzial entstehen. Die Bewertung ist entsprechend niedriger.

❯ NEUE TECHNOLOGIEN UND MASCHINEN

Neuartige Technologie und moderne Maschinen sind eine Grundvoraussetzung des „Zukunfts-Bauer"-Konzepts. Sie müssen jedoch auch im Dienst von Erhalt und Bewahrung der Natur stehen, um Akzeptanz zu finden. Sie können dann jedoch die Tür zur weiteren Entwicklung und Modernisierung auch in anderen Themenfeldern öffnen. Allerdings erfordert es Fingerspitzengefühl, die moderne Technik den Verbrauchern nahezubringen. Diese wollen nämlich die Technologien und Maschinen nicht immer unbedingt im Detail verstehen.

Die Sicht der Verbraucher

Der allgemeinen Bevölkerung ist oft gar nicht klar, welchen Fortschritt die Landwirtschaft bereits gemacht hat und welche Techniken sie heutzutage einsetzt. Sie reagiert meistens überrascht, welche Mittel und Möglichkeiten es bereits gibt. Dieses vermeintliche Desinteresse lässt sich auch psychologisch erklären: Technischer Fortschritt in der Landwirtschaft wird von Verbrauchern abgelehnt, um ein idealistisches Bullerbü-Bild aufrechtzuerhalten, wo die Bauern noch „ehrliche" Handarbeit leisten und ihre Tiere behutsam selbst pflegen – Technik und Maschinen treten in dieser Welt quasi nicht auf, vor allem nicht in modernen Varianten. Verbraucher verbinden moderne Technik in der Landwirtschaft mit „Massenindustrie", welche ausschließlich auf Effizienz und Gewinn ausgerichtet ist. In dieser Vorstellung sind die Landwirte entrückt von der Natur und haben den Kontakt zu Tier und Pflanze verloren. Fütterung, Ackerbau, Ernten – alles passiert automatisch, ohne Liebe und Leidenschaft.

Um diese Entwicklung umzudrehen, muss Technik für die Verbraucher stets im Sinne der Natur stehen. Sie kann den Landwirten Arbeit abnehmen, wodurch diese mehr Zeit gewinnen, um sich liebevoll um ihre Pflanzen und Tiere zu kümmern: Sie kann auch ein präziseres Düngen mit geringerem Verbrauch ermöglichen. Oder ganz neue Anbaumethoden entwickeln, welche eine größere Angebotsvielfalt schaffen. Mit den Details will sich die Bevölkerung allerdings nicht zu sehr auseinandersetzen. Fest steht: Technik und Maschinen dürfen nicht zum Selbstzweck werden. Dennoch vermitteln gerade Schlagworte wie „Precision Farming" eine glaubhafte Entwicklung in der Landwirtschaft, welche Natur und Landwirt schont und somit auf große Zustimmung stößt.

NEUE TECHNOLOGIE & MASCHINEN

18 %
der Verbraucher
sehen hier das größte Potenzial.

15 %
der Landwirte
sehen hier das größte Potenzial.

Die Sicht der Landwirte

Die Landwirte wissen um die Vorurteile der übrigen Bevölkerung gegenüber moderner Technologie in der Landwirtschaft und stören sich daran. Viele von ihnen würden die Bevölkerung gerne aufklären, stoßen dabei nach ihrer Erfahrung meist auf taube Ohren. So geht ihnen auch eine Möglichkeit verloren, ihre Expertise darzustellen. Statt für den gekonnten Umgang mit komplexer Technik, erhalten sie viel mehr Anerkennung von der Bevölkerung dafür, wenn sie sich von dieser abwenden.

Dabei gehört die Auseinandersetzung mit der technischen Entwicklung zum Alltag in der Landwirtschaft dazu. Schon allein um im schnelllebigen Geschäft mithalten zu können, aber auch aus privatem Interesse, informieren sich Landwirte stets über neue Maschinen. Dabei gibt es für sie positive wie negative Aspekte. Technische Weiterentwicklungen an Landmaschinen rufen eine große Faszination und Spaß hervor und dienen mitunter auch als Statussymbol, das man durchaus stolz den Kollegen präsentiert. Auch eine präzisere und effizientere Arbeitsweise, z. B. beim Düngen, ist im Sinne der Landwirte, da sie hierdurch Geld und Zeit sparen. Aber es gibt genauso technische Entwicklungen, die Skepsis hervorrufen, weil sie sich auch aus Sicht der Landwirte zu weit von der herkömmlichen Landwirtschaft entfernen und die Landwirte dadurch drohen, die Kontrolle zu verlieren, z. B. durch ferngesteuerte Ernteroboter oder Drohnen. Die Landwirte müssen auch hier das Gefühl haben, dass sie selbst Herr der Lage sind und sich nicht in den Dienst der Technik oder der Verbraucher stellen.

Potenzial für das Narrativ-Konzept „Zukunfts-Bauer"

Das Thema Neue Technologien und Maschinen bringt sowohl großes Potenzial als auch mögliche Abschreckung mit sich. Neue Technologien ermöglichen viele positive Entwicklungen in der Landwirtschaft, insofern sie direkt oder indirekt einen besseren Umgang mit der Natur fördern und die Landwirte entlasten. Dabei ist die Technik im Detail für die Verbraucher kaum interessant. Auch die Landwirte spüren dieses fehlende Interesse und wollen Verbraucher nicht damit langweilen, auch wenn sie selbst durchaus Spaß an modernen Maschinen haben. Insgesamt hielt sich das befragte Zukunftspotenzial in der quantitativen Befragung mit 18 Prozent bei den Verbrauchern und 15 Prozent bei den Landwirten in Grenzen. Neue Technologien finden für die Zukunftsgestaltung nur dann Akzeptanz, wenn sie sich in den Dienst von Erhalt und Bewahrung der Natur stellen.

〉 REDUZIERUNG VON FLÄCHEN

Reduzierung von Flächen ist ein absolutes Expertenthema und vielen Verbrauchern gänzlich unbekannt. Statt effizienterer Bewirtschaftung oder modernerer Anbauweise, dominieren Einschränkung und mangelnde Wertschätzung das Thema.

Die Sicht der Verbraucher

Die Verbraucher können sich nur wenig unter dem Thema vorstellen, es hat für sie kaum Relevanz. Auch die Versiegelung landwirtschaftlicher Flächen beachten sie nicht und schieben das Thema eher von sich weg. Neue Entwicklungen wie Vertical Farming, bei dem Pflanzen im Gewächshaus in übereinander hängenden Kästen angebaut werden, sind für sie ganz interessant, gleichzeitig aber sehr futuristisch. Die Bullerbü-Bodenständigkeit geht hier buchstäblich verloren und weicht technisch-standardisierten Verfahren.

Die Sicht der Landwirte

Die Landwirte fühlen sich durch die Reduzierung von Flächen stark eingeschränkt. Sie sind regelrecht empört über Politik und Kultur, welche ihnen diese Flächen nehmen und sehen dies als Teil der mangelnden Wertschätzung ihnen gegenüber. Sie erleben sich als Fürsprecher der Natur, welche nun mal Platz zur Entfaltung benötigt. Vor allem, da versiegelte Flächen nicht selten der Industrie oder dem Verkehr zur Verfügung gestellt werden – Wirtschaftszweige, die der Allgemeinheit scheinbar wichtiger sind als die Landwirtschaft.

Auch Vertical Farming ist für die Landwirte eher ein Hirngespinst der Zukunft, welches zudem ihre eigene Kompetenz angreift. Die Bilder erinnern an Labore und widersprechen stark der aktuellen Selbstinszenierung der Landwirte mit großen Flächen und leistungsstarken Maschinen.

Potenzial für das Narrativ-Konzept „Zukunfts-Bauer"

Das Potenzial für das Narrativ-Konzept ist sehr gering. Für die Verbraucher ist das Thema Flächenreduktion größtenteils irrelevant und realitätsfern. Die Landwirte wiederum wollen sich tendenziell vergrößern und geben ungern Flächen ab. Sie wollen eher darauf hinweisen, wie oft ihnen Flächen durch

REDUZIERUNG VON FLÄCHEN

16 %
der Verbraucher
sehen hier das größte Potenzial.

5 %
der Landwirte
sehen hier das größte Potenzial.

Versiegelungen verloren gehen. Neuartige Entwicklungen wie Vertical Farming sind noch Zukunftsmusik und entfernen sich zu sehr von den natürlichen Idealen, welche die Landwirtschaft beherrschen.

SCHLUSSFOLGERUNGEN AUS DER ANALYSE DER THEMENBEREICHE

Die neun Themenfelder entwickeln unterschiedliche Narrativ-Potenziale. Die höchste Relevanz wird Themen zugeschrieben, die den Schutz des Lebens und der Natur in den Vordergrund rücken. Themen und Projekte, die Brücken bauen können und die Landwirtschaft mit der nicht in der Landwirtschaft tätigen Bevölkerung positiv verbinden, liegen in der Bewertung knapp dahinter. Es folgen Themenfelder, die moderne Konzepte, Technologien und Methoden fokussieren; diese Themenfelder sind in ihrer Wirkung oft zu abstrakt und zu wenig sinnlich-lebendig, um ein großes Narrativ-Potenzial zu entwickeln. Den niedrigsten Score erzielt das in seiner Begrifflichkeit vielleicht abstrakteste und einschränkendste Thema: die Reduzierung des Flächenbedarfs.

Die Analyse der Themenfelder präzisiert die generellen Erkenntnisse: Bei der

EINSCHÄTZUNG: ZUKUNFTS-POTENZIAL DER THEMENBEREICHE

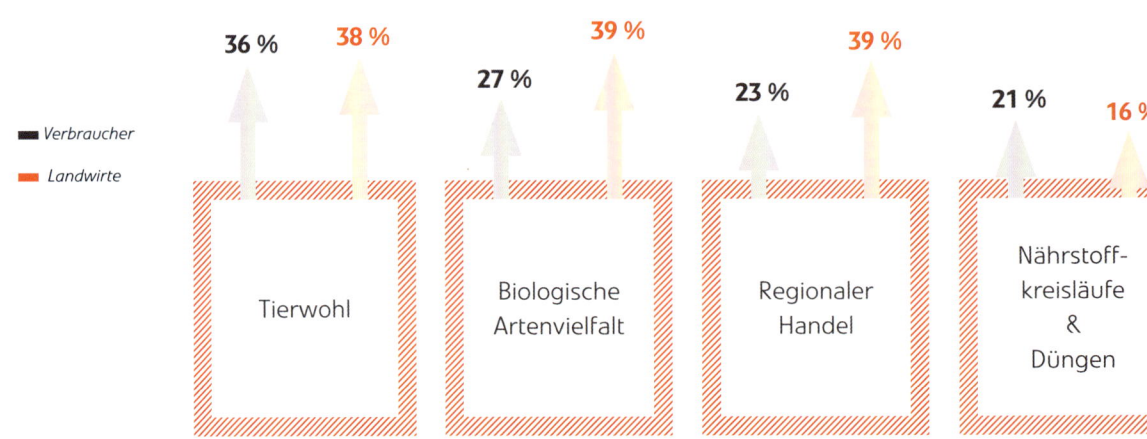

Zukunftsgestaltung soll der Schutz von Leben und Natur sowie der Brückenbau in der Region im Vordergrund stehen. Moderne Technologien und Methoden faszinieren zwar, aber nur dann, wenn sie sich dem Erhalt der Natur verschreiben. Das Narrativ-Konzept „Zukunfts-Bauer" kann sein Narrativ-Potenzial demnach nur dann erschöpfend ausspielen, wenn im Prozess der öffentlichen Meinungsbildung nicht die Technologie, sondern der Schutz von Leben und Natur an erster Stelle steht. Es sind aber andererseits gerade die moderne Methoden, die den Stillstand überwinden, indem sie neue Möglichkeiten eröffnen, die Vielfalt des Lebens in der Natur in der Zukunft zu erhalten.

KURZGEFASST:

Narrativ-Potenzial der Themenfelder

1. **Schutz von Leben und Natur:**
   Tierwohl, Artenvielfalt
2. **Brückenbauer zwischen Landwirtschaft und Verbrauchern**
   Regionaler Handel
3. **Konzepte, Technologien, Methoden**
   Erneuerbare Energien, Düngen, Maschinen
4. **Einschränkungen**
   Reduzierung des Flächenbedarfs

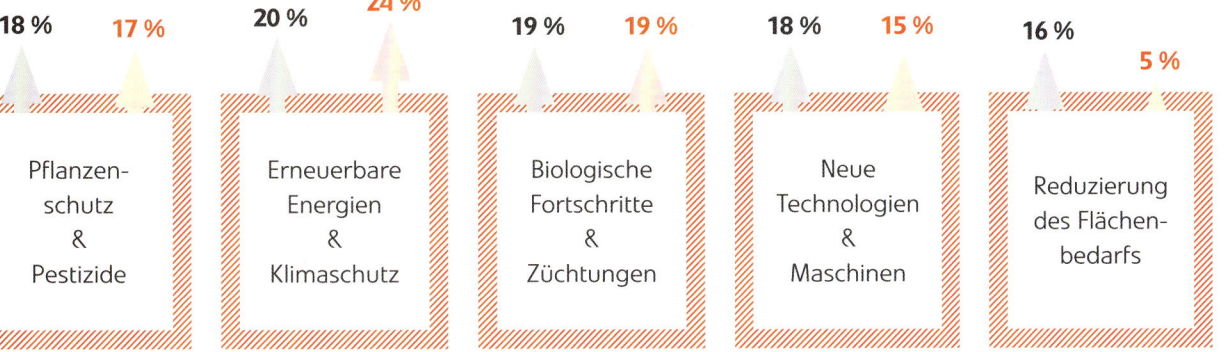

18 %   17 %   20 %   24 %   19 %   19 %   18 %   15 %   16 %   5 %

Pflanzenschutz & Pestizide

Erneuerbare Energien & Klimaschutz

Biologische Fortschritte & Züchtungen

Neue Technologien & Maschinen

Reduzierung des Flächenbedarfs

Gestaltung der Zukunft II: Zur Psychologie des Preises

Der Preis – was ist recht und billig? Der Preis als Anforderungsprofil an die Zukunftsgestaltung der Landwirtschaft

Die ermittelten Themenfelder und die mit ihnen verbundenen Wünsche und Erwartungen haben in der öffentlichen Meinungsbildung einen „Gegenspieler": den Preis. Landwirtschaftliche Produkte im Lebensmitteleinzelhandel müssen nach Ansicht der Verbraucher preiswert bleiben. Über den Preis vermittelt sich psychologisch dabei ein weiteres Anforderungsprofil an die Zukunftsgestaltung der Landwirtschaft: Nicht alle grundsätzlich begrüßenswerten Fantasien und Sehnsüchte sollen umgesetzt werden. Vielmehr erhalten sie über die Frage nach dem Preis quasi einen Realitätscheck, indem sie daraufhin geprüft werden, ob sie weiterhin erschwingliche Produkte ermöglichen.

In der öffentlichen Meinungsbildung gilt dabei ein unausgesprochenes Credo, nach dem nahezu alle landwirtschaftlichen Produkte grundsätzlich für jeden Geldbeutel erschwinglich sein müssen. Die Vorstellung ist, dass sich jeder Butter und Wurst, Obst und Gemüse leisten können muss, um den sozialen Frieden nicht zu gefährden. Höhere Preise für eine nachhaltige, umweltschonendere Landwirtschaft finden kaum Akzeptanz: 76 Prozent der befragten Verbraucher sind bereit, nur bis zu maximal 10 Prozent mehr dafür auszugeben. Dadurch geraten Wünsche und Sehnsüchte einerseits

> Mit **Spaltung** ist hier die Fähigkeit des Menschen gemeint, eine Haltung oder Perspektive einzunehmen – die sich daraus ergebenden ungelittenen Konsequenzen aber abzuspalten. Mit der Spaltung geht somit eine reduzierte Anerkennung der Realität einher. Die Spaltung führt dazu, dass nicht konsequent und logisch argumentiert wird: Heute wollen viele Menschen zum Beispiel sehr preisorientiert einkaufen. Zugleich wollen sie sich aber nachhaltig verhalten.

PREISBEREITSCHAFT LANDWIRTSCHAFTLICHE PRODUKTE

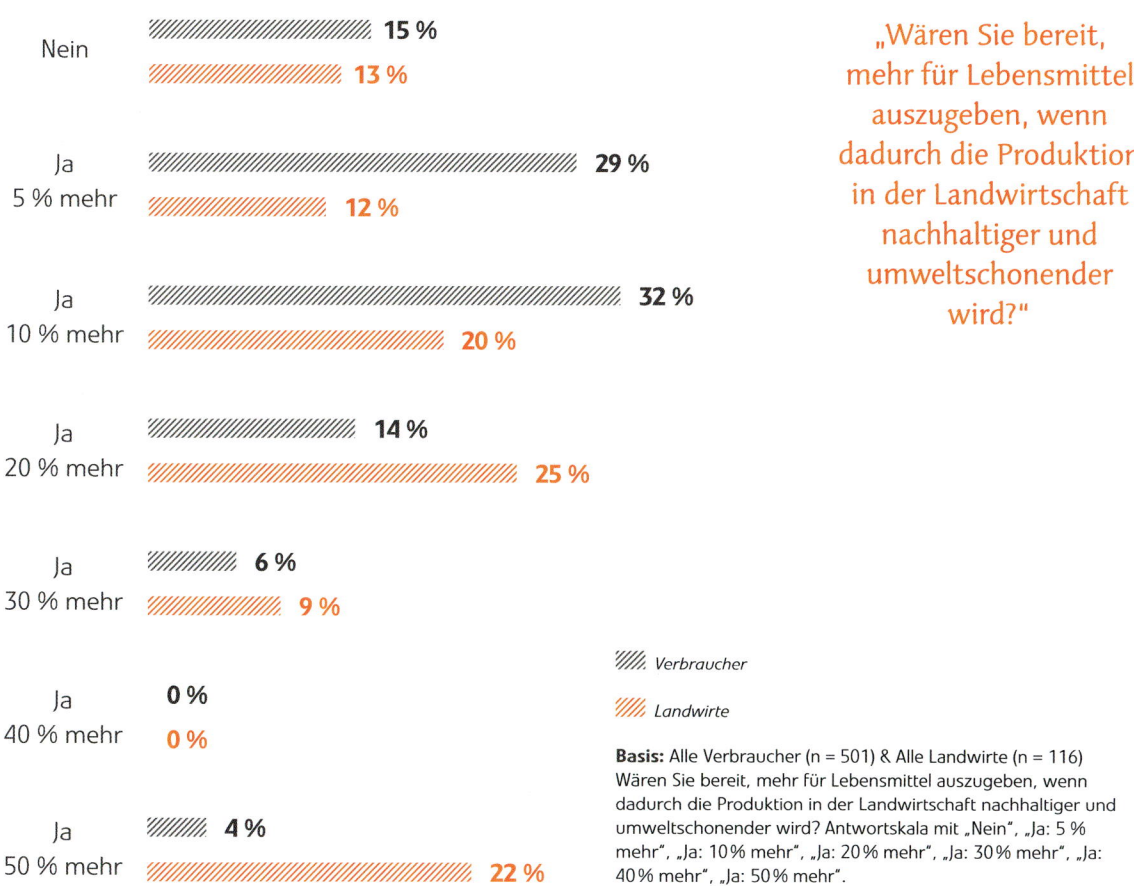

Nein — 15 %
13 %

Ja
5 % mehr — 29 %
12 %

Ja
10 % mehr — 32 %
20 %

Ja
20 % mehr — 14 %
25 %

Ja
30 % mehr — 6 %
9 %

Ja
40 % mehr — 0 %
0 %

Ja
50 % mehr — 4 %
22 %

Verbraucher

Landwirte

Basis: Alle Verbraucher (n = 501) & Alle Landwirte (n = 116) Wären Sie bereit, mehr für Lebensmittel auszugeben, wenn dadurch die Produktion in der Landwirtschaft nachhaltiger und umweltschonender wird? Antwortskala mit „Nein", „Ja: 5 % mehr", „Ja: 10% mehr", „Ja: 20% mehr", „Ja: 30% mehr", „Ja: 40% mehr", „Ja: 50% mehr".

„Wären Sie bereit, mehr für Lebensmittel auszugeben, wenn dadurch die Produktion in der Landwirtschaft nachhaltiger und umweltschonender wird?"

und die Vorstellung von für alle erschwinglichen Produkten andererseits in einen zurzeit nicht auflösbaren Gegensatz. Darauf reagiert die öffentliche Meinungsbildung mit dem psychologischen Mechanismus der Spaltung. Feststellbar sind aktuell zwei psychologische Spaltungseffekte:

- Individuum: „Mind-Behaviour-Gap"
- Gesellschaft: Avantgarde und Konventionelle

❯ INDIVIDUUM: „MIND-BEHAVIOUR-GAP"

Die Spaltung findet hier im Individuum statt. In der heutigen, modernen Gesellschaft ist es nicht mehr erforderlich, sich logisch und konsistent zu den eigenen Äußerungen zu verhalten.[26] Die englische Bezeichnung „Mind-Behaviour-Gap" meint das weithin bekannte Phänomen, dass sich viel mehr Menschen für ein nachhaltiges, umweltschonendes, tierwohlorientiertes Einkaufen aussprechen, als es am Ende wirklich tun. 51 Prozent der Menschen, die Fleisch primär preisorientiert im Discount einkaufen,[27] lehnen z. B. die sogenannte „Massentierhaltung" ab. Ihre grundsätzlichen Einstellungen („Mind") unterscheiden sich somit oft diametral von ihrem tatsächlichen Verhalten („Behaviour"). Es klafft eine Lücke („Gap"). Psychologisch ist dies nur möglich, wenn Verhalten und Einstellungen nicht übereinstimmen müssen – also beide Komplexe voneinander gespalten werden.

Die Landwirte spüren die Folgen dieses Mind-Behaviour-Gap ganz unmittelbar: Es verärgert sie massiv, dass sie einerseits überall hören, wie wichtig heute Bio, Nachhaltigkeit und regionale Produktion sind und dass die Menschen andererseits aber dann, wenn es zum Bekenntnis an der Ladentheke kommt, doch gerne das Billigere kaufen.

❯ GESELLSCHAFT: AVANTGARDE UND KONVENTIONELLE

Auf gesellschaftlicher Ebene zeigt sich die Spaltung darin, dass eine starke Berücksichtigung von Aspekten wie „Nachhaltigkeit" oder „ökologischer Landbau" mit Menschen verbunden wird, die sich entweder ökonomisch oder ideologisch als Avantgarde verstehen. Das heißt, entweder es handelt sich um Menschen, die es sich schlichtweg einfach leisten können, teurer einzukaufen oder es handelt sich um beseelte Umwelt- und Klimaschützer. Natürlich können auch beide Hintergründe in einer Person zusammenkommen und natürlich gibt es auch Zwischenformen: Menschen, die bei besonderen Gelegenheiten nachhaltig orientiert einkaufen, im normalen Alltag aber nicht; oder Menschen, die bei bestimmten Produktgruppen wie etwa Eiern Bioprodukte bevorzugen, nicht aber wenn sie Geflügelfleisch kaufen.

---

[26] Heinz Lohmann Stiftung, Öffentliche Meinung in der Krise. Eine tiefenpsychologische Studie des rheingold salon im Auftrag der Heinz Lohmann Stiftung. Visbeck, 2015.
[27] Rheingold-Studie für: Bundesvereinigung der Deutschen Ernährungsindustrie (BVE) und Hauptverband des Deutschen Einzelhandels (HDE): Wie tickt der Verbraucher – Wirken die Skandale? Bonn 2010.

Demgegenüber stehen konventionell erzeugte landwirtschaftliche Produkte in der öffentlichen Meinungsbildung für normale Bürger und deren Alltag. In dieser Gruppe ist man sehr dankbar dafür, dass die Preise im konventionellen Bereich sicherstellen, dass das Haushaltsgeld nicht nur für die Basics draufgeht, sondern auch noch genug für andere Dinge im Leben übrig bleibt. Günstige Preise und Sonderangebote sind hier entsprechend hochwillkommen.

Die individuellen und gesellschaftlichen Spaltungen kann man psychologisch so verstehen, dass bislang keine guten Lösungen vorhanden sind, um beide Seiten miteinander zu verbinden. So bleibt es bei der Diskrepanz zwischen Wunsch und Wirklichkeit, der Forderung nach Klimaschutz einerseits und dem preisorientierten Einkauf andererseits. Die Spaltung legt daher nahe, konventionelle Produkte nachhaltiger zu machen und ökologische Produkte preiswerter. Beide Tendenzen sind im Markt vorhanden: Konventionelle Angebote werden zum Beispiel beworben mit Beschreibungen wie „umweltschonend" oder „aus artgerechter Haltung", während Bioprodukte als Discountware erhältlich sind.

Die Spaltung erzeugt in der öffentlichen Meinungsbildung eine Art „Tunnelblick", der Weiterentwicklungen auf die Frage „konventionell" oder „ökologisch" verengt. Das Narrativ-Konzept „Zukunfts-Bauer" zeigt demgegenüber jedoch auf, dass vor allem völlig neue, innovative Konzepte viel Begeisterung erzeugen, wenn sie sich aus diesem Tunnel herausbewegen. Die Vorstellung, Kartoffeln auf Salzböden züchten zu können, fasziniert dabei dann ebenso wie das Konzept, Kräuter direkt und frisch im Handel „ernten" zu können oder die Möglichkeit, aus Gülle anorganischen Dünger zu machen. Auch Konzepte wie „Precision-" oder „Vertical Farming" wecken viel Interesse, weil sie zeigen, dass mehr möglich ist, als Landwirtschaft in den herkömmlichen Formen zu verstehen. Solche Innovationen können auch den Blick auf die Realität und damit die Wahrnehmung von Preisen verändern. Nachbarländer zeigen, dass landwirtschaftlichen Produkten dort im Schnitt auch deshalb höhere Preise zugebilligt werden, weil Erzeuger und ihre Produktionsweise durch eine hohe Kompetenz faszinieren.

„Was ist recht und billig für die Zukunft?"

Der Handel – ein ziemlich bester Partner?

Handelsstufen vermitteln zwischen Produzent und Verbraucher.

Die Analyse der Themenfelder hat eine weitere wichtige Instanz für die öffentliche Meinungsbildung über die Landwirtschaft zutage gefördert: den Handel. Verbraucher kaufen überwiegend im Einzelhandel ein und nicht direkt beim Landwirt. Die Zwischenschaltung des Handels ist ein wesentlicher Hintergrund dafür, dass die direkten Kontakte zwischen Landwirten und Verbrauchern abnehmen und sich Parallelgesellschaften bilden können. Der Handel ist den Verbrauchern näher und vertrauter als die Landwirtschaft und wird auch in Krisenzeiten wie der Pandemie von den Verbrauchern für seine Leistungen besser bewertet.

Dass Handelsstufen zwischen Produzent und Verbraucher vermitteln, hat für alle Beteiligten viele Vorteile. Die Landwirte können sich auf ihre Arbeit konzentrieren und müssen ihre Produkte nicht mühevoll in kleinen Mengen und vielen Einzelaktionen an die Abnehmer verkaufen. Außerdem gehen nicht alle landwirtschaftlichen Erzeugnisse direkt an die Verbraucher. Manche werden für Zwischenstufen benötigt, für die es auch wiederum spezialisierte Händler gibt. Verbraucher und Abnehmer bekommen die Produkte durch den Handel in großer Vielfalt und Zusammensetzung genau dorthin geliefert, wo sie diese auch brauchen. Hofläden beleben demgegenüber zwar Sehnsüchte und romantische Bilder im direkten Kontakt zur Landwirtschaft. Sie sind aber kaum dazu in der Lage, das komplette Spektrum der im Handel offerierten und verteilten Produkte anzubieten.

Die Konsequenz eines zwischengeschalteten Handels ist zugleich aber auch, dass sich das öffentliche Bild von der Landwirtschaft zu einem nicht unwesentlichen Teil über den Handel an die Verbraucher vermittelt. Der Handel ist quasi ein eigenes Medium mit Botschaften über die Landwirtschaft: Wie werden die Produkte aus der Landwirtschaft im Verbrauchermarkt angeboten

CORONAKRISE: BEDEUTSAME BEREICHE BZW. BERUFE

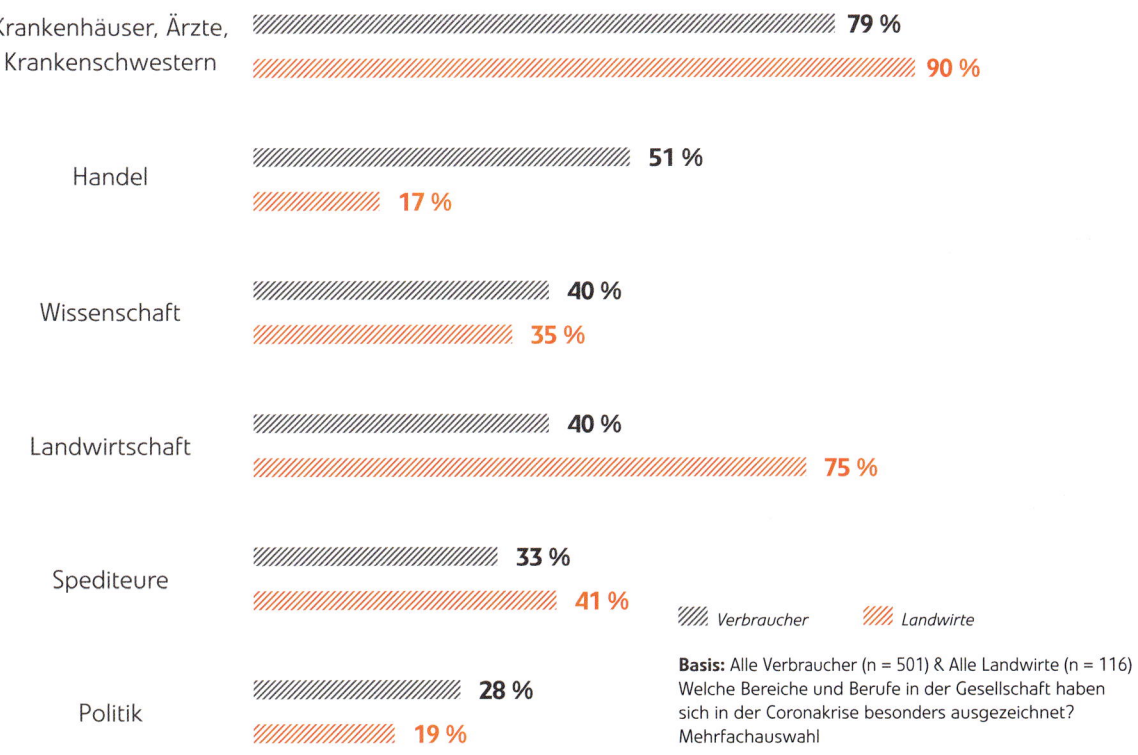

Krankenhäuser, Ärzte, Krankenschwestern — **79 %** / **90 %**

Handel — **51 %** / **17 %**

Wissenschaft — **40 %** / **35 %**

Landwirtschaft — **40 %** / **75 %**

Spediteure — **33 %** / **41 %**

Politik — **28 %** / **19 %**

Verbraucher   Landwirte

Basis: Alle Verbraucher (n = 501) & Alle Landwirte (n = 116) Welche Bereiche und Berufe in der Gesellschaft haben sich in der Coronakrise besonders ausgezeichnet? Mehrfachauswahl

und präsentiert? Welche Produkteigenschaften fordert der Handel von den Landwirten? Welche preist er an, welche sieht er kritisch? Welche Preise werden gezahlt? Als zentraler Vermittler zwischen Landwirtschaft und Abnehmern nimmt der Handel somit starken Einfluss auf die Wahrnehmung der Landwirtschaft in der öffentlichen Meinungsbildung.

Die Rolle des Handels für die öffentliche Meinungsbildung zur Landwirtschaft soll hier in zwei Perspektiven beleuchtet werden:

- Gegenwart: Welche Position nimmt der Handel als Medium zwischen den Parallelgesellschaften und ihrem „Schwarzer Peter"-Spiel ein?
- Zukunft: Welche Möglichkeiten bieten sich, um mit dem Handel das Potenzial des Narrativ-Konzepts „Zukunfts-Bauer" zu nutzen?

Diese Darstellung konzentriert sich dabei im Folgenden auf den Lebensmitteleinzelhandel. Denn es geht im Prozess der öffentlichen Meinungsbildung um die Bürger und damit mehrheitlich um Endverbraucher, die alle im Lebensmitteleinzelhandel einkaufen.

❯ GEGENWART: DER HANDEL UND DAS „SCHWARZER PETER"-SPIEL

Die ungreifbare Übermacht aus Sicht der Landwirtschaft

Aus der Perspektive der Landwirte erscheint der Handel vor allem als eine übermächtige und gleichzeitig ungreifbare bzw. sogar unangreifbare Instanz. Übermächtig insofern, als der Handel als die Instanz wahrgenommen wird, welche die Preise diktiert und zentrale Qualitätsvorgaben macht. Viele Landwirte fühlen sich hier fremdbestimmt und machtlos. Wenn das eigene Obst nicht den Qualitätsstandards genügt, erhalten sie einen schlechteren Preis oder können ihre Ware gar nicht verkaufen. Dabei spüren sie diese Wirkungsmacht nur indirekt. Es sind die Verarbeiter, Großhändler und andere zwischengeschaltete Stellen, die Landwirte unter Preisdruck setzen und Qualitätsanforderungen vorgeben beziehungsweise diese vermitteln. Damit entscheidet der Lebensmitteleinzelhandel im Wesentlichen darüber, wie und mit welchen Produkten Verbraucher in Kontakt kommen, ist aber aus Sicht der Landwirte für sie selbst wenig greifbar.

Der Handel als Projektionsfläche für die Landwirtschaft

Die erlebte Machtlosigkeit der Landwirte bezieht sich auch auf die Konsequenzen für ihre Produktionsweisen und das Gefühl von mangelnder Wertschätzung für ihre Produkte. Sie erleben sich gegenüber den Anforderungen des Handels unter Effizienz- und Normierungsdruck. Aussehen und Größe von Obst und Gemüse sind vorgegeben – ähnlich den Zulieferstandards in der Industrie. Sie müssen sich den Verarbeitungsprozessen und dem was „der Handel wünscht" unterordnen. Hier merken Landwirte, dass ihnen keineswegs eine Sonderrolle in der Gesellschaft zukommt, sondern dass sie genauso konstant und nach Anforderungen von „Kunden" liefern müssen, wie es in anderen Berufen auch der Fall ist. Auch in Bezug auf den Handel zeigen sich damit wieder die Projektionen und Stereotype, wie sie bereits weiter oben im Verhältnis von Verbraucher und Landwirtschaft beschrieben wurden: Viele Landwirte erwarten, dass der Lebensmitteleinzelhandel ihre Positionen teilt und durchsetzen hilft. Sie nehmen den Handel vor allem als Akteur wahr und kaum als einen Dienstleister, der die Erwartungen seiner Kunden erfüllen muss, um erfolgreich zu sein. Umgekehrt eignet sich das Verhältnis zum Handel auch als Rechtfertigung. Das Credo vom „Wachsen oder Weichen", die Effizienzsteigerung und Ertragsorientierung können auf den Handel projiziert, als seine Anforderung deklariert und damit am Ende erhalten bleiben und gerechtfertigt werden. Der schwarze Peter kann also auch dem Handel zugeschoben werden – und zwar über die Preisthematik. Landwirte fragen sich, ob nicht z. B. die „Verlockungen mit Sparangeboten" durch den Handel „schuld" sind, weil sie den Verbraucher verführen und dieser sich logischerweise ökonomisch verhält und billig kauft. Zum Teil wünschen sich Landwirte, dass der Handel den Verbraucher „erzieht" oder aufhört ihn zu „verwöhnen".

> „Ich würde ja gerne umstellen, etwas anders machen, aber es geht nicht, weil der Handel es nicht will."
>
> *Credo der Landwirte*

Der Handel und die gespaltene Verbraucherseele

Diese Verhältnisse und wie sie von den Landwirten erlebt werden, lassen erkennen, dass der Handel ein Teil des „Schwarzer Peter"-Spiels ist beziehungsweise in diese Dynamik mit hineingezogen wird. Der Handel hat die gespaltene Verbraucherseele längst erkannt und reagiert auf die Wünsche seiner Kunden. Im „Schwarzer Peter"- Spiel greift er einerseits die Dimensionen des Bullerbü-Ideals auf. Landwirte zeigen sich dann oft verärgert darüber, dass der Handel das aus ihrer Sicht naive und realitätsfremde Bullerbü-Ideal füttert. Sie sehen, dass der Handel geschickt Marketing im Hinblick auf den Zeitgeist von Naturnähe, Bio und Bullerbü-Ideal betreibt, eine Bühne

„Wenn ihr mir so verlockende Preise anbietet, wäre ich kein solide wirtschaftender deutscher Haushalt, wenn ich jetzt etwas Teureres kaufe, ‚nur' weil Bio draufsteht."

Credo der Verbraucher

für den Verbraucher liefert. Zugleich stellt der Handel aber immer auch günstige Preise für seine landwirtschaftlichen Produkte heraus: Bullerbü-Inszenierung und Aktionspreise zugleich.

Der Handel übernimmt im Prozess der öffentlichen Meinungsbildung eine Doppelrolle, die es dem Verbraucher erleichtert, die Spaltung aus Idealbild der Landwirtschaft und dem eigenen Handeln aufrechtzuerhalten. Er bietet Entlastung, weil er dem Verbraucher dessen inkonsistentes Verhalten nicht spiegelt, sondern ihm vielmehr eine Bühne bereitet. Verbraucher erleben in vielen Supermärkten – mal mehr, mal weniger intensiv – zum einen das Bullerbü-Ideal. Der Handel greift es auf, bebildert es, inszeniert es sehr gekonnt. Damit haben Verbraucher zunächst einmal unabhängig vom eigenen Kauf das gute Gefühl, modern und am Puls der Zeit zu sein, also zukunftsorientiert. Es wird als ein gutes Gefühl erlebt, dass der Handel sich zu den aktuellen Idealen bekennt. Die Einrichtung ist nett, holzig, warm, Obst und Gemüse wirken natürlich – aber niemals unansehnlich-runzelig. Es ist ein bisschen wie mit Kirchen: Auch sie vermitteln allein durch das Betreten und Teilhaben an deren Aura vielen Menschen wirklich das Gefühl, vielleicht doch nicht ein ganz so schlechter Mensch zu sein.

Der gängige Lebensmitteleinzelhandel, wir sprechen hier nicht von speziellen Biosupermärkten, inszeniert neben Bullerbü-Idealen zum anderen aber immer auch den Preis. Es gibt unterschiedliche Preiskategorien und Sonderangebote. Und damit kann der Verbraucher seinen inneren Konflikt auch dem Handel zuschieben.

Die Frage, wie viel Verbrauchern im Einzelnen das Bullerbü-Bild wert ist, bleibt im Handel somit immer präsent. Und die eigene Entscheidung, sich für das Billigere, „Nicht-Bio" zu entscheiden, lässt sich dann auch gut auf den

Handel als Schuldigen verlagern. Das zeigt sich in den immer wieder zu hörenden Verbraucher-Geschichten, man vermute, dass an Bio vor allem der Handel verdiene, dass das „alles nur inhaltslose Etiketten sind" und so weiter. Darüber wird auch deutlich, dass – anders als bei Markenartikeln – der Handel bei landwirtschaftlichen Erzeugnissen stärker als die Instanz betrachtet wird, die für die Verbraucherpreise verantwortlich ist.

Der Handel orientiert sich somit an der gespaltenen Seele seiner Kunden, bedient ihre Erwartungen und unterstützt damit den Status Quo und das „Schwarzer Peter"-Spiel.

› ZUKUNFT: DER HANDEL ALS „ZUKUNFTS-BAUER"-MEDIUM

Unmarkiertes Terrain im Handel

Der Einzelhandel präsentiert die landwirtschaftlichen Produkte im Wesentlichen als pure Produkte. Man sieht Äpfel, Kartoffeln, Erdbeeren und riecht die Kräuter. Im Gegensatz zu anderen Warenkategorien findet man landwirtschaftliche Erzeugnisse jedoch weitgehend unmarkiert vor. Es gibt dort keine Marken wie „Geramont" oder „Rügenwalder Mühle": Eine Kartoffel wird z. B. nur als Kartoffel angeboten – ergänzt durch weitere produktbezogene Angaben. Es gibt praktisch keine Hinweise auf die Produzenten. Mit Ausnahme von ganz wenigen Marken wie etwa „Chiquita" ist der komplette Obst- und Gemüsebereich praktisch unmarkiert. Das gleiche gilt weitgehend für den Markt der Fleischprodukte. Nur im Bereich der Milchprodukte sind Marken – meist aber auf der Ebene weiterverarbeiteter Produkte – vertreten. Diese insgesamt wenig markierte Produktpalette bietet die Chance, sie zukünftig gemeinsam mit dem Handel stärker für die Landwirtschaft zu gestalten. Dass dies möglich ist, zeigen andere Länder wie etwa Frankreich, in denen die Produzenten bei den Endverbrauchern einen viel höheren Stellenwert einnehmen. Schon jetzt nutzen viele Einzelhändler das Interesse der Verbraucher an Produkten mit regionaler Herkunft und präsentieren in den Geschäften „ihren" Landwirt, den sie persönlich kennen und mit dem sie bevorzugt kooperieren. „Tierwohl.TV" expandiert in der Kooperation mit dem Handel kräftig, indem es zeigt, wie es in den Ställen vor Ort aussieht. Die Landwirtschaft hat viele Möglichkeiten, sich in Kooperation mit dem Handel als Zukunfts-Bauer zu präsentieren. Denn der Handel hat selbst ein Interesse daran, Verbraucherwünsche aufzugreifen und zu erfüllen. Das Narrativ-Konzept „Zukunfts-Bauer" zeigt, wie das noch besser gehen kann: Indem man moderne Produkte, Technologien, Konzepte ohne Scheu und mit Stolz präsentiert und zugleich sicherstellt, dass die Anwendung im Dienst von Erhalt und Vielfalt der Natur steht.

Die Grenzen in der Zusammenarbeit mit dem Handel bestehen darin, dass der Handel im Verhältnis zum Verbraucher naturgemäß selbst die „Erste Geige" spielen möchte. Gute Erzeugnisse will er am liebsten unter dem eigenen Namen präsentieren und rückt davon nur ab, wenn seine Kunden auf andere Anbieter und Angebotsformen positiver reagieren. Daher muss die Markierung der landwirtschaftlichen Produkte letztlich auch dem Händler dienen und seinen Auftritt beim Verbraucher verbessern. Last but not least muss die Gestaltung und Umsetzung neuer Markierungen gerade für den Verbraucher von Vorteil sein und darf den Einkauf nicht unnötig verkomplizieren.

Abbau der Entfremdung im Handel

Beim Einkauf auf dem Wochenmarkt erhalten landwirtschaftliche Produkte aus Sicht der Verbraucher einen anderen, herausgehobenen, tendenziell wertigeren und persönlichen Charakter. Auch dadurch, dass man hier zum Teil direkten Kontakt mit Landwirten bekommt. Der Umstand, dass solche Märkte in Deutschland beliebt sind, verweist darauf, dass es hier durchaus Bedürfnisse gibt, landwirtschaftliche Produkte anders zu sehen und zu erwerben.

In Supermärkten fühlen sich die Verbraucher demgegenüber distanter und entfremdeter von Natur und Landwirtschaft. Der Handel hat also im Hinblick auf die Entfremdung zwischen Bürgern und Landwirten einen Anteil: nicht im Sinne von Schuld, sondern im Sinne des Systems. Zugespitzt ist der Landwirt psychologisch weit weg, er ist allenfalls eine Art „Zulieferer" – so wie der Blech-Lieferant für einen Mercedes. Im Zentrum von besonderer Wertschätzung im Handel liegen eher „Hersteller", „Marken", die z. B. für regionale, nachhaltige, tierschonende und biologisch-natürliche Haltung stehen. Das Narrativ-Konzept „Zukunfts-Gestalter" zeigt auf, dass Verbraucher ein großes Interesse daran haben, das Gefühl der Entfremdung von der Natur und einem natürlichen Leben zu überwinden. Sie wollen auch im Handel wieder mehr „im Einklang mit der Natur" unterwegs sein. Landwirte, Handel und Verbraucher haben hier ein gemeinsames Interesse daran, in der Zukunft wieder mehr Nähe und Vertrautheit zu landwirtschaftlichen Produkten und ihrer Erzeugung zu ermöglichen.

HANDEL ALS SPIEGEL UND MITGESTALTER DES ZEITGEISTS

Der Handel hat aber noch eine weitere Rolle bzw. Funktion. Er ist nicht nur direkte Kontaktstelle zu den Produkten, sondern er führt den Verbrauchern auch den aktuellen Zeitgeist vor Augen. Er spiegelt, was derzeit Trend ist, was „den Deutschen" wichtig ist bei Einkauf, Warenangebot und Art der Darbietung von Produkten. Das zeigt sich schon in der Weiterentwicklung von Ladengestaltung, Aufstellern und besonderen Bereichen, z. B. für Wein. Öffentliche Meinungsbildung spiegelt sich im Zeitgeist wider. Der Verbraucher kann sich beim Einkauf in diesen Zeitgeist einordnen, bestimmen, wie weit er mitgehen will.

Da dieser Prozess nicht nur in eine Richtung abläuft, ist der Handel nicht nur ein passiver Spiegel aktueller gesellschaftlicher Entwicklungen, sondern auch Mitgestalter. Der Handel kann Einfluss nehmen, gerade weil er so stark im Alltag verankert ist und bei den Verbrauchern grundsätzlich Vertrauen genießt. Neue, spannende Zukunfts-Bauer-Konzepte können gerade durch ihre Präsenz im Handel eine besondere gesellschaftliche Relevanz und Aktualität bekommen. Tierwohl-Aktivitäten und Regionalität finden quasi erst dann richtig statt, wenn sie prominent im Handel vertreten sind.

HANDEL UND ZUKUNFTS-BAUER

Der Handel ist in der öffentlichen Meinungsbildung Medium und Vermittler im „Schwarzer Peter"-Spiel zwischen Landwirtschaft und Verbrauchern – mit all den Vor- und Nachteilen einer solchen Position. Vorteilhaft ist für ihn, dass er seine eigenen Interessen als Verbraucher-Wünsche deklarieren kann, wie etwa Waren günstig einzukaufen oder leicht handhabbare Packungsformate für die Frische durchzusetzen. In umgekehrter Richtung funktioniert das vorteilhafte Vermitteln auch: So können zum Beispiel höhere Milchpreise für den Endverbraucher mit der Situation der Milchbauern in der Landwirtschaft begründet werden.

Nachteilig ist für den Handel jedoch, dass er letztlich die Wünsche einer gespaltenen Verbraucherseele erfüllen muss und damit selbst in eine Spaltung gerät, er mit seinem Handels-Image sowohl für ein preisgünstiges als auch für ein nachhaltiges Einkaufen stehen muss. Das grenzt an die Quadratur eines Kreises. Zudem droht er als Vermittler immer wieder zwischen die Fronten der Interessen von Verbrauchern und Landwirten zu geraten: Verzichtet ein Händler auf Erzeugnisse aus öffentlich kritisierten Tierhaltungsformen, verliert er Verbraucher-Kunden an Konkurrenten, die diese noch anbieten. Macht er aber seine Offerten sehr preisgünstig und verbraucherfreundlich, droht ihm, dass Landwirte seine Auslieferungslager blockieren.

Letztlich hat nach dieser Analyse daher auch der Handel ein großes Interesse daran, den Stillstand in der öffentlichen Meinungsbildung über die Landwirtschaft und die damit verbundenen problematischen Spaltungen und Schuldzuweisungen zu überwinden. Für den Handel ist es grundsätzlich attraktiv, die Zukunft anders zu gestalten und – auch im Wettbewerb mit seinen Konkurrenten – ein Zukunfts-Bauer zu sein.

Damit sind die Perspektiven und Hintergründe der drei großen Akteursgruppen – Landwirte, Verbraucher und Handel – für die öffentliche Meinungsbildung dargestellt. Im letzten Kapitel soll nun darauf eingegangen werden, warum das Narrativ-Konzept „Zukunfts-Bauer" eine gute Basis darstellt, um die öffentliche Diskussion entscheidend weiterzubewegen und weiterzuentwickeln.

Fazit: Zukunfts-Bauer

Ein Modell zur Analyse und Gestaltung öffentlichen Vertrauens

Am Anfang des Buchs stand die Frage: „Warum Zukunfts-Bauer?" Als relevant erschien die Idee vom Zukunfts-Bauer im Umfeld der Landwirtschaft erstens für die Gestaltung des anstehenden gesellschaftlichen Umbruchs, zweitens um Diskrepanzen zwischen Wunsch und Wirklichkeit in der Landwirtschaft – aber auch darüber hinaus – anzugehen sowie drittens um den Stillstand in der öffentlichen Meinungsbildung zu überwinden. Damit ist mit Zukunfts-Bauer ein Konzept umschrieben, mit dem ein gesellschaftlicher Transformationsprozess im Bereich der Landwirtschaft besser gestaltet werden kann.

Das Konzept Zukunfts-Bauer lässt sich dabei in zwei Perspektiven betrachten: Zum einen ist es ein ganz konkretes Narrativ-Konzept, um die Probleme in der öffentlichen Meinung über die Landwirtschaft anzugehen. Zum anderen zeigt sich in der Ausarbeitung des Konzepts vom Zukunfts-Bauer aber auch ein grundsätzliches Modell dafür, wie öffentliche Meinungsbildung bei gesellschaftlichen Transformationsprozessen verstanden und konstruktiv eingebunden werden kann. Das Buch hat sich bislang vor allem darauf fokussiert, wie das konkrete Narrativ-Konzept „Zukunfts-Bauer" entwickelt wurde und warum es für die öffentliche Wahrnehmung der Landwirtschaft wertvoll sein kann.

In diesem letzten Kapitel steht nun der zweite Zukunfts-Bauer-Aspekt im Vordergrund: der Modell-Charakter. Das Konzept ist das Ergebnis angewandter Wissenschaft mit einem Modell zur Analyse und Gestaltung des öffentlichen Vertrauens. In der hier entwickelten Vorstellung von Narrativen verdichten sich verschiedene wissenschaftliche Ansätze und Erkenntnisse zu einem Modell einer narrativen Psychologie, das auch in anderen Kontexten Anwendung finden kann. Auf das Modell und seine Wurzeln wird nun näher eingegangen.

ZUM VERSTÄNDNIS VON NARRATIVEN

Narrative sind menschliche Konstruktionen.[28] Wenn die Entwicklung und Anwendung von Werkzeugen ein zentrales Kriterium für die menschliche Spezies ist, dann gehören Narrative zu den „mentalen" Werkzeugen. Narrative helfen uns beim Zusammenleben, im Alltag, bei der Bewältigung des Lebens. In Anlehnung an das Konzept der Morphologischen Psychologie[29] werden im Folgenden sechs zentrale Dimensionen von Narrativen herausgestellt.

Der Ursprung von Narrativen: Die Tendenz zur Verdichtung in einfachen Gestalten und Stereotypen

Verschiedene psychologische und soziologische Schulen stellen heraus, dass Menschen dazu neigen, komplexe Phänomene in möglichst einfache Formen zu fassen. Sehr grundlegend hat dies die Gestaltpsychologie untersucht und im Gestaltgesetz zur Prägnanz formuliert, nach dem einfache Formen gegenüber komplizierten bevorzugt werden. Die Gesetze der Gestaltpsychologie geben auch Hinweise darauf, welchen Regeln die Wahrnehmung dabei unterliegt: Danach werden bevorzugt Gestalten wahrgenommen, die sich von anderen durch ein bestimmtes Merkmal abheben, und einander ähnliche Elemente werden eher als zusammengehörig erlebt. Auf diese Weise können Menschen zum Beispiel die Komplexität verschiedener Angebote reduzieren, indem sie diese „einfach" im Hinblick auf den Preis oder bestimmte Serviceleistungen vergleichen, oder sie können aufgrund ähnlicher Merkmale Autos von anderen Fahrzeugen unterscheiden.

Indem komplexe Phänomene auf diese Weise „gestaltet" werden, wird es einfacher, sich in der Welt zurechtzufinden. Zugleich ist mit dieser Vereinfachung aber auch die Bildung von Stereotypen im positiven wie im negativen Sinne angelegt. Die Erfahrung zeigt dann etwa an, dass von älteren Men-

---

[28] https://www.lektorat-korrektur.de/chicago-stil-literaturverzeichnis/" Harari, Yuval N. Eine kurze Geschichte der Menschheit. 23. Aufl. München: Pantheon. 2015.

[29] Salber, Wilhelm . Morphologie des seelischen Geschehens. Bouvier Verlag Bonn, 2009. Lönneker, Jens (2007). Morphologie. Die Wirkungen von Qualitäten – Gestalten im Wandel. In G. Naderer & E. Balzer (Hrsg.), Qualitative Marktforschung in Theorie und Praxis (S 75- 102). Wiesbaden: Gabler.

schen im Straßenverkehr nicht erwartet werden kann, dass sie sich so schnell bewegen wie jüngere. Sie kann aber auch anzeigen, dass Kleinstdealer auf St. Pauli in Hamburg oft eine schwarze Hautfarbe haben und dann dazu führen, dass alle Menschen mit schwarzer Hautfarbe dort überdurchschnittlich häufig von der Polizei kontrolliert werden.[30] Im letzteren Fall haben sich aus dem Stereotyp heraus die Anfänge eines Vorurteils gebildet. Basis für Vorurteile sind derartige differenzierbare Gestaltmerkmale.

Aus anderer Perspektive dargestellt, verdichtet sich in den Gestalten eine komplexe Wirklichkeit in einfacher Form. Gestalten fassen somit immer ein „Mehr" an Dimensionen: Autos bilden etwa Aspekte wie Stolz, Status, Gefühle von Freiheit und Ungebundenheit, aber auch das Problem von Umweltbelastungen ab. Und die Kuhmilch ruft z. B. Assoziationen zu Landleben, Weiden, Milchspeisen, (Stall-)Gerüchen, aber auch wenig angenehmen Phänomenen wie Milchhaut, CO2-Ausstoß oder auch Kuhfladen auf. Diese Verdichtungsleistung in Gestalten und ihre Merkmale ist zugleich die Basis für die Entwicklung von Narrativen, aber auch von Vorurteilen.

Das Beispiel der Landwirte zeigt, dass Merkmale wie die Arbeit auf dem Feld, im Stall oder die Verwendung von Traktoren die Berufsgruppe der Landwirte relativ einfach von anderen unterscheidet. Zugleich werden ihr dann viele negative, aber auch positive Verhaltensweisen zugeschrieben.

Narrative sind kollektive Fundamente des individuellen Erlebens.

Gestalten bilden eine Schnittstelle zwischen individueller und kollektiver Wahrnehmung. In diesem Sinn handelt es sich bei Gestalten um Wirkungseinheiten, wie es der Psychologe Wilhelm Salber formuliert hat.[31] Diese Wirkungseinheiten werden zwar individuell erlebt, existieren aber jenseits des einzelnen Individuums. Denn Gemeinschaften teilen gemeinsame Erfahrungen, nehmen aber auch Einfluss darauf, wie etwas gesehen werden kann oder soll. Diese kollektive Wahrnehmung ist nicht festgeschrieben, sondern in Entwicklung. Fleischkonsum wird vor dem Hintergrund des Klimawandels

---

[30] Matthies, Robert, Sperl, Oliver, (26./27.02.2022). Sie wollen nur reden. taz am Wochenende. S. 48-49.
[31] Salber, Wilhelm, Wirkungseinheiten: Psychologie von Werbung und Erziehung. Henn Wuppertal [u.a.], 1969.

zum Beispiel von einem kleineren, aber immer größer werdenden Teil der Gesellschaft kritisch gesehen, während ein anderer Teil gerade an ihm festhalten möchte. Dabei wird wieder die Verdichtungsleistung von Gestalten nun aus der kollektiven Perspektive deutlich. Gestalten erfassen das Fleisch nicht nur als faktisch-rationales Produkt, sondern „packen" immer noch mehr hinein, können sogar miteinander konkurrieren: Fleisch als Ausdruck von Wohlstand, tradierten Ernährungsformen, Symbol sozialer Errungenschaft einerseits versus Fleisch als Kennzeichen für eine problematische Ernährung, Tierquälerei und Klimawandel andererseits.

Der heute gängige Begriff „Narrativ" zeigt an, dass die Gestalten, in denen die Wahrnehmung komplexer Phänomene organsiert ist, nicht fest, sondern in Bewegung sind. Gestalten sind unterschiedliche Narrative – Darstellungen, Bilder, Geschichten –, die miteinander konkurrieren und darauf drängen, sich gegen andere Narrative – Sichtweisen, Vorstellungen – durchzusetzen. Fleisch lässt sich dann entweder so oder so wahrnehmen und bewerten. Der Kampf um die Meinungshoheit in der öffentlichen Meinungsbildung ist so betrachtet ein Kampf um die Narrative oder die Gestalten, mit denen die Vorgänge im Alltag organisiert und bewertet werden. Der Begriff „Narrativ" macht dabei stärker als die Bezeichnung „Gestalt" deutlich, dass es sich um eine Konstruktion der Wahrnehmung handelt, die sich verändern und somit auch kommen oder gehen kann. Der Begriff „Gestalt" verweist dagegen darauf, dass die Wahrnehmung jedoch nicht beliebig konstruiert werden kann, sondern dass es Gestaltgesetze gibt, die zu beachten sind.

Narrative sind positiv ansteckend.
Sie binden und verbreiten seelisch-soziale Energie.

Narrative können sich in einer Weise verbreiten, wie man es auch bei Pandemien beobachten kann. Der Wirtschaftsnobelpreisträger Robert Shiller hat dies ausführlich beschrieben[32] und statistische Parallelen aufgezeigt. In der öffentlichen Meinungsbildung – ob in der Politik oder in der kommerziellen Werbung – geht es oft gerade darum, eine möglichst hohe „Anste-

---

[32] Shiller, Robert J., narrative economics. How Stories Go Viral and Drive Major Economic Events. Princeton University Press, 2019.

ckungsfähigkeit" für die eigenen Darstellungen und Erzählungen zu finden. Je mehr das Narrativ an Komplexität und Herausforderungen in einer einfachen Gestalt integrieren kann, desto attraktiver wird es und desto besser werden seine Chancen für eine Verbreitung. Es ähnelt hier ein wenig dem Gesetz der Entropie aus der Physik: Je mehr an „Unordnung" und Komplexität in einem Narrativ gestaltet und gebunden werden kann, desto größer seine Attraktivität.

An der Wurst macht sich dann etwa im Rahmen von Narrativen viel mehr fest als nur der Geschmack und der Nährwert. In den Narrativen rund um die Wurst werden etwa Fragen nach gesunder Ernährung, Krebserkrankungen, Tierwohl, Esskultur, Abendbrotkultur und Gemeinschaft gebunden und verbreitet. Die Narrative entwickeln dabei Energie und Wucht. Sie nehmen Einfluss auf das Miteinander, das Ess- und das Einkaufsverhalten. Shiller spricht gerade aufgrund dieser großen Wirkung von Narrativen sogar von „Narrative Economics".

Narrative nutzen die Magie und Poesie des menschlichen Erlebens.

Moderne Kritiker der Aufklärung bemängeln, dass diese zu einer Entzauberung der Welt führt, deren Opfer am Ende der Mensch selbst ist, weil all sein Handeln nur noch nach rational-ökonomischen Regeln und Gesetzen beurteilt wird.[33] Der Versuch der Aufklärung, die Welt den abergläubischen Ängsten zu entreißen und Sicherheit in der Eindeutigkeit von Wissenschaft und Begriffen zu finden, endet zugleich in einer Ernüchterung der Welt, die ihr die Poesie nimmt.[34] Das menschliche Erleben und Verhalten ist vielschichtig und mehrdeutig. Viele Autoren haben daher in verschiedener Weise den Bezug zu in den Kulturen überlieferten Erzählungen, Sagen, Mythen und Märchen angeführt,[35] um dieses Manko zu überwinden. Sie führen aus, dass menschliche Kulturen derartige Narrative benötigen, um ein Zusammenleben möglich zu machen.

Nicht alle Narrative müssen den gleichen dauerhaften kulturellen Kompe-

---

[33] Horkheimer, Max, Adorno Theodor W., Dialektik der Aufklärung. Verlag S. Fischer. Berlin, 1947.
[34] Fargo Cole, Isabel: Worte, Wörter, Wandlungen. In: Akademie der Künste Sinn und Form. Heft 1, Jg. 74, S. 5-14.
[35] Barthes, Roland, Mythen des Alltags. Suhrkamp Verlag Berlin, 2010. Horkheimer, Adorno, Dialektik der Aufklärung Imdahl, Ines, Werbung auf der Couch.
Warum Werbung Märchen braucht. Herder Verlag, 2015. Campbell, Joseph. Der Heros in tausend Gestalten, Insel-Verlag, Frankfurt am Main, 2009. Bettelheim, Bruno. Kinder brauchen Märchen. Ungekürzte Ausg., 32. Aufl. München : Dt. Taschenbuch-Verl., 2013.

tenzraum wie klassische Märchen und Mythen entwickeln. Viele dieser grundlegenden Mythen und Märchen haben sich auch erst mit der Zeit entwickelt und aus verschiedenen Narrativen zusammengesetzt. Andere, früher bedeutsame Erzählungen sind dagegen weitgehend untergegangen und werden nicht mehr weitergegeben wie viele Narrative rund um heilige Personen in der katholischen Kirche. Narrative im Sinne moderner Mythen des Alltags können, wie bei Roland Barthes oder Shiller ausgeführt, schnelllebiger sein und dennoch wirken.

Denn Narrative faszinieren vor allem darüber, dass sie die seelische Mehrdeutigkeit von Phänomenen aufgreifen und dazu beitragen, die Welt zu fassen und zugleich aus heutiger Sicht wieder zu verzaubern. Das Narrativ ermöglicht dann zum Beispiel, im profanen Verzicht auf den Fleischkonsum viel mehr zu sehen: Man wird zum modernen Ritter, der trotz übermächtiger Widerstände antritt, um im Kampf gegen die Drachen bzw. Tierausbeuter und Tierquäler die Welt zu retten. Im konkurrierenden Narrativ sehen sich die Fleischkonsumenten dagegen als Underdog-Helden à la Robin Hood, die den hohen einkommensstarken Herrschaften zeigen, dass sie sich die Wurst nicht vom Brot nehmen lassen.

Narrative verbiegen die Welt und machen sie passend.

Gerade im Rekurs auf solche mythologischen, sagenhaften Muster gewinnen Narrative ihre Kraft und Energie. Die komplexe Welt ist in eine Gestalt gebracht. Der Fokus auf diese Muster führt aber zugleich auch dazu, dass die Realität zugunsten solcher Narrative verkürzt, verbogen und verzerrt wird, wie Barthes ausführt und am Beispiel der Landwirte deutlich wird.

Es ist ein Kennzeichen von Stereotypen, dass sie etwas Klischeehaftes entwickeln und kaum einmal auf den Einzelfall vollkommen zutreffen. Wächst sich Stereotypisches zu einem handfesten Vorurteil aus, verdrehen sich die Verhältnisse völlig. Das Narrativ wird zur Realität erklärt und die tatsächliche Realität als Zurechtmachung und Ausnahme. Biobauern

REALITÄTSBEZUG	KULTURBEZUG

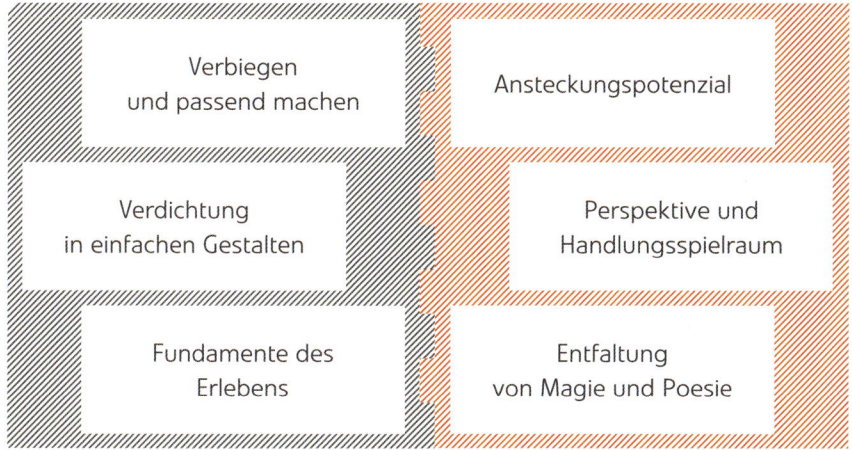

Verbiegen und passend machen	Ansteckungspotenzial
Verdichtung in einfachen Gestalten	Perspektive und Handlungsspielraum
Fundamente des Erlebens	Entfaltung von Magie und Poesie

sind dann immer „gut", während es sich bei konventionell arbeitenden Bauern um Tierquäler und Umweltsünder handelt. Hiervon ausgenommen werden dann in den meisten Fällen nur die Landwirte, die man persönlich kennt.

Narrative schaffen Perspektiven und Handlungsspielräume.

Narrative bringen die Komplexität der Welt nicht nur in eine Gestalt, sondern geben ihr auch eine Perspektive. Sie zeigen etwa für die Landwirtschaft auf, wie sich die Bevölkerung einen idealen Umgang mit der Natur wünscht und dass ein anderer Umgang mit Nutztieren erstrebenswert ist.

Die in den Narrativen entwickelten Perspektiven sind jedoch „hintergründig" und zum Teil kunstvoll eingebunden. Ein Teil der Perspektiven rangiert dabei mehr „undercover" und wird nicht wirklich bewusst: Auf die Geflügelhaltung wird etwa die eigene Sehnsucht nach einem weniger stressigen Alltag projiziert und dann an den Landwirten abgehandelt. Die Landwirte sind dann seelische Platzhalter für die eigenen Wünsche.

Indem das Problem auf die Landwirte verschoben wird, trägt das Narrativ dazu bei, dass die bestehenden Lebensweisen und das bestehende Einkaufsverhalten beibehalten werden können. Das Beispiel zeigt, dass die Handlungsspielräume und Perspektiven in Teilen „versteckt" sind und einen „insgeheimen" Sinn ergeben.

ZUR BEDEUTUNG VON NARRATIVEN IN DER HEUTIGEN ZEIT

Die Gesellschaften sind heute von fundamentalen Umbrüchen, sich widersprechenden Auffassungen über ihre künftige Ausrichtung sowie von Tendenzen zur Bildung von Parallelgesellschaften geprägt. Eine Konsequenz davon ist ein in vielen Bereichen beklagter gesellschaftlicher Stillstand.[36] Neue Narrative bieten hier die Chance, in der öffentlichen Meinungsbildung wieder Perspektiven und Handlungsspielräume in den Blick zu rücken.

Narrative, Materialismus und Postmaterialismus

Gesellschaftliche Entwicklungen entwickeln ihre Narrative. Narrative bringen sie in eine erzählbare, bebilderbare Form. Der Soziologe Ronald Inglehart hat im Anschluss an an den Psychologen Abraham Maslow in umfangreichen Studien zwei zentrale Strömungen erarbeitet, die unsere moderne Zeit prägen: Materialismus und Postmaterialismus. Vereinfacht formuliert geht es Menschen mit einer materialistischen Grundeinstellung in erster Linie darum, einen grundlegenden Wohlstand zu sichern. Postmaterialisten haben dies dagegen weitgehend erreicht und stellen sich verstärkt Sinnfragen: Welche Arbeit, welche Aktivitäten geben meinem Leben Sinn? Diverse Zwischenformen haben sich zwischen den beiden Grundströmungen etabliert. Für Deutschland hat der Soziologe Holger Lengfeld dazu empirische Daten erhoben. Als materialistische Narrative können etwa Darstellungen aufgefasst werden, nach denen Wurst und Fleisch grundsätzlich

---

[36] Loenneker, Jens (2021): Deutschland – ein Land der Ideen ohne Umsetzung?, IN: Markenverband: markenartikel. Das Magazin für Markenführung, Ausg. 7/2021, S. 114 – 115.

erschwinglich sein sollten – während die Herstellungsbedingungen vor diesem Hintergrund nachrangig erscheinen. In der biblischen Losung „Macht euch die Erde untertan" finden solche Auffassungen eine religiös-mythologische Unterfütterung. Postmaterialistische Strömungen stellen demgegenüber verstärkt Sinnfragen, weil sie aufgrund ihres Lebensstandards eher entscheiden können, ob und wie viel Fleisch und Wurst sie essen wollen: Ist es richtig, dass Menschen so viel Fleisch essen und wie sie mit den Tieren umgehen? Ist diese Tierhaltung nicht klimaschädlich? Bieten auf Effizienz ausgerichtete Formen der Arbeit genügend Lebensqualität? Auch hier finden sich im Bild der Arche Noah religiös-mythologische Darstellungen, die diese Position in Form von weltrettenden Erzählungen unterstützen. Dazwischen existieren diverse Formen: „Flexitarier" etwa sind keine richtigen Vegetarier, wollen aber auch keine Fleischesser sein. Das Narrativ-Konzept „Zukunfts-Bauer" ist letztlich ein spannender neuer Ansatz, der die Gegensätze dieser Strömungen überwindet, indem es glaubhaft neue Perspektiven und Handlungsspielräume für die Zukunft in Aussicht stellt. Es zeigt, wie die Entwicklung neuer Narrative die öffentliche Meinungsbildung beeinflussen kann.

Narrative, Individualisierung und Parallelgesellschaften

In der westlichen Welt haben sich die Gesellschaften zunehmend von schicht- und gruppenbezogenen Orientierungen immer weiter in Richtung von Milieus und individualisierten Verhaltensweisen entwickelt.[37] Eine in den Medien in diesem Zusammenhang immer wieder thematisierte Sorge ist die Ausbildung von Parallelgesellschaften. Die zunehmende Ausdifferenzierung der Gesellschaften bedroht danach ihr gemeinschaftliches Fundament und damit ihren Zusammenhalt. Es steht damit die Frage im Raum, wie die Kehrseiten solcher Entwicklungen aufgefangen werden können. Auch wenn wissenschaftliche Studien bislang keinen allgemein akzeptierten Beweis für eine Zunahme von Parallelgesellschaften erbringen konn-

---

[37] Lönneker, Jens: Zielgruppe war gestern. Mit Verfassungsmarketing zur strategischen Einordnung von Kauf- und Konsumverhalten. In: Halfmann, Marion (Hrsg.) Zielgruppen im Konsumentenmarketing. Springer Gabler Wiesbaden, 2014.

ten, weil immer noch viele Berührungspunkte unterschiedlicher Gruppen bestehen, so sprechen viele Phänomene für eine solche Entwicklung.

Auch die Landwirte bilden in vielerlei Hinsicht eine Parallelgesellschaft – trotz zum Teil gemeinsamer Mediennutzung und vieler Berührungspunkte mit dem Rest der Bevölkerung. Die vorliegende Studie konnte zeigen, dass Narrative fatale Entwicklungen wie beim „Schwarzer Peter"-Spiel zementieren oder wie im Fall des Narrativ-Konzepts „Zukunfts-Bauer" neue Handlungsspielräume und Perspektiven eröffnen können. Narrative können demnach genutzt werden, um Brücken zwischen Parallelgesellschaften zu bauen.

GESELLSCHAFTLICHE WERTE IN DEUTSCHLAND 1980 - 2018
❯ GRUPPEN GEPOOLT

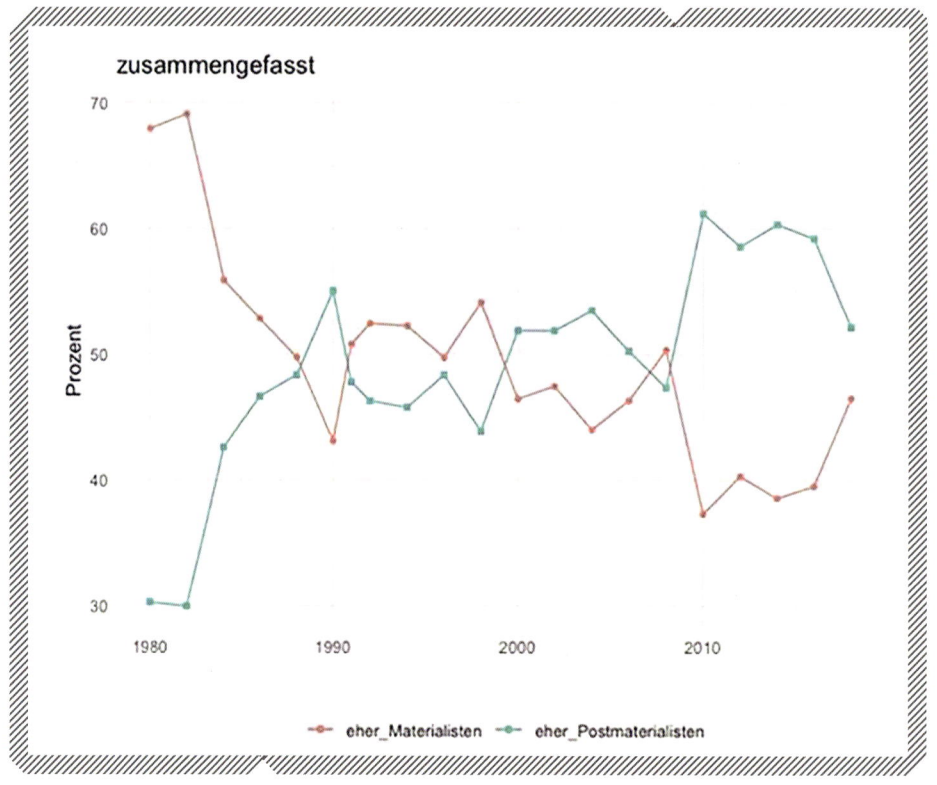

MENTALE WERKZEUGE – ZUM POTENZIAL VON NARRATIVEN

Narrative haben das Potenzial, gesellschaftliche Umbrüche zu begleiten, Diskrepanzen zu überbrücken und Stillstände zu überwinden, weil sie mentale Werkzeuge darstellen. Sie können Transformationsprozesse unterstützen, indem sie die öffentliche Meinungsbildung – oder anders formuliert den seelisch-sozialen Raum in der Kultur – gestalten. Mehr noch: Transformation und Wandel können nur über Narrative funktionieren.

Im Zusammenhang mit dem Aufbau von Marken hat Hans Domizlaff [38] sich schon 1939 intensiv mit der „Gewinnung des öffentlichen Vertrau-

GESELLSCHAFTLICHE WERTE IN DEUTSCHLAND 1980-2018
› GRUPPEN DIFFERENZIERT

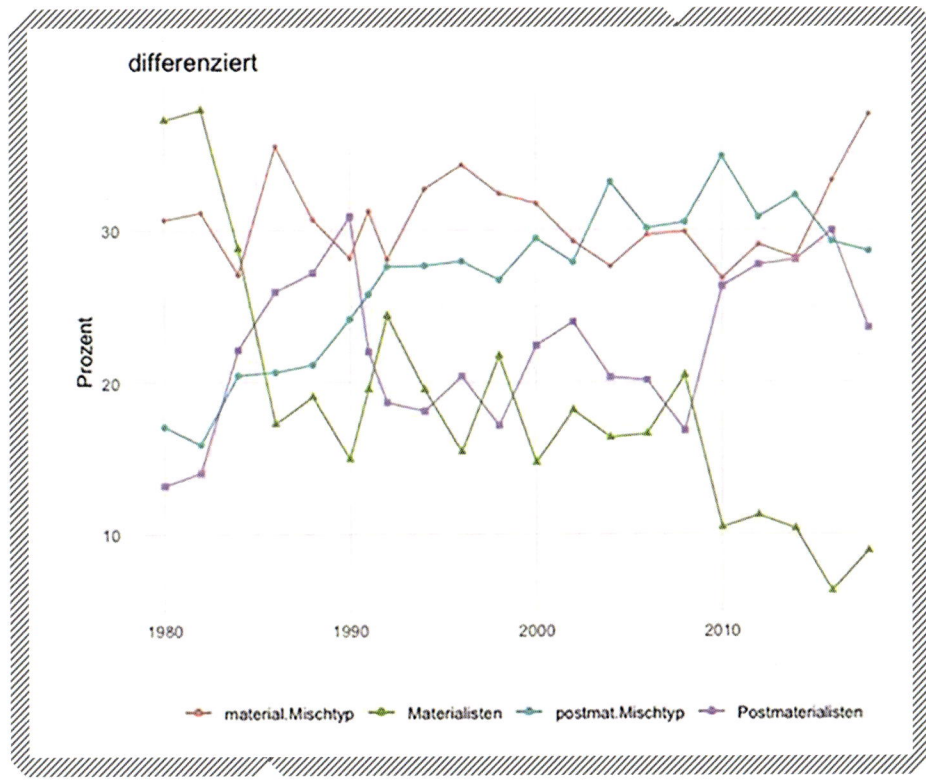

Quelle (beide):
GESIS - Leibniz-Institut für Sozialwissenschaften (2019). Allgemeine Bevölkerungsumfrage der Sozialwissenschaften ALLBUScompact 2018. GESIS Datenarchiv, Köln. ZA5271 Datenfile Version 1.0.0, https://doi.rg/ 10.4232/1.13273. Sowie Lengfeld, Holger (tbd.)

---

[38] Domizlaff, Hans: Die Gewinnung des Öffentlichen Vertrauens. Ein Lehrbuch der Markentechnik. Marketing Journal Hamburg, 1992.

VON GRUPPEN ZU „MULTIPLEN PERSÖNLICHKEITEN"

ens" in einer modernen Gesellschaft beschäftigt. Viele seiner 22 Gesetze zur Markentechnik lesen sich aus heutiger Sicht wie eine Anleitung zum praktischen erfolgreichen Implementieren von Narrativen in der öffentlichen Meinungsbildung. Die Gewinnung des öffentlichen Vertrauens ist im Zeitalter von gesellschaftlichen Aufspaltungen und dem Vorwurf von Fake News wieder eine zentrale Aufgabe. Letztlich verbiegen alle Narrative die Realität und machen sie für sich passend. Der Streit um Fake News zeigt so betrachtet nur, dass es darum geht, wieder neue Narrativ-Konzepte zu entwickeln, die ein größeres Einigungspotenzial entwickeln können. Der Zukunfts-Bauer hat ein solches Potenzial für die öffentliche Meinungsbildung über die Landwirtschaft. Seine Entwicklung kann aber auch ein Vorbild für die Entwicklung neuer, anderer Narrative darstellen. In Anlehnung und als Hommage an Hans Domizlaff hat das vorliegende Buch den Untertitel „Über die Analyse und die Gestaltung des öffentlichen Vertrauens". Den Abschluss bildet daher eine kompakte Anleitung zur Entwicklung von Narrativen.

KURZE ANLEITUNG ZUR ENTWICKLUNG VON NARRATIVEN

Step 1: **Ermittlung der Basis: Wie wird das Ganze zurzeit gesehen?**
Erhebung des Status Quo an Narrativen: Empirische Untersuchung und Ermittlung der bestehenden Narrative und ihrer Symbole, Bilder, Erzählformen

Step 2: **Ermittlung der Komplexität: Was wird alles in den Narrativen mitbewegt?**
Analyse der jeweiligen Narrativ-Architekturen und der Narrativ-Dimensionen

Step 3: **Analyse der Entwicklungs-Dynamik: Was soll verändert werden, was nicht?**
Verstehen des Zusammenspiels von Perspektiven und Handlungsspielräumen einerseits und Beharrungskräften andererseits

Step 4: **Neugestaltung und Konzeptentwicklung: Welche Konzepte können die analysierte Entwicklungs-Dynamik besser aufgreifen, Brücken bauen, neue Perspektiven eröffnen und dennoch Sicherheit bieten?**
Entwicklung alternativer, neuer Narrativ-Konzepte inklusiver konkreter Fallbeispiele für ihre Anwendung

Step 5: **Akzeptanz-Test der Narrativ-Konzepte**
Qualitative und quantitative Überprüfung bei den relevanten Zielgruppen

Step 6: **Entwicklung einer Implementierungstrategie**
Konzept für die Einführung in den Diskurs um die öffentliche Meinungsbildung

Step 7: **Weiterentwicklung des Narrativs**
Begleitung und Modifikation des Narrativs bei der alltäglichen Arbeit und den Herausforderungen, die mit dem „mentalen" Werkzeug Narrativ gemeistert werden sollen

Eckdaten zur Basis-Studie

Die zentrale empirische Basis dieses Buches bildet eine bislang unveröffentlichte mehrphasige Studie zur öffentlichen Meinungsbildung über die Landwirtschaft, die anfänglich unter dem Arbeitstitel „Wertschätzung für die Landwirtschaft nach dem Corona-Schock" aufgesetzt wurde.

Der Lockdown durch die Coronapandemie im Frühjahr 2020 sowie die parallel stattfindenden Demonstrationen vieler Landwirte unter dem Motto „Land schafft Verbindung" gaben Anlass zu einer breiten und tiefgreifenden Studie über die Wahrnehmung der Landwirtschaft in der Öffentlichkeit. Die zentrale Fragestellung war, ob die Landwirtschaft durch die Coronapandemie in neuem Licht erscheint. Durch die aufkommenden Hamsterkäufe[39] sowie die Zunahme von Spaziergängen,[40] auch im ländlichen Raum, entstand der Eindruck, dass die Bevölkerung vermehrt mit der Landwirtschaft in Kontakt kommt und sich daraus ein „anderer Blick" auf die Landwirtschaft ergeben könnte.

Die Eckdaten dieser Studie: Befragt wurden insgesamt 1.308 Bürger (davon 275 Landwirte) in qualitativen und quantitativen Befragungen im Zeitraum von Juni bis August 2020 (Phase 1) und November 2020 bis Januar 2021 (Phase 2). Beide Phasen umfassten eine qualitative, tiefenpsychologische Befragung sowie eine quantitative repräsentative Umfrage. Die Auswertung der Ergebnisse erfolgte auf Basis der Morphologischen Psychologie[41] sowie der narrativen Psychologie.

---

[39] Tagesschau: „Erhöhte Nachfrage - aber keine Engpässe" https://www.tagesschau.de/inland/corona-lebensmittel-hamsterkauefe-101.html, aufgerufen am 10.02.2022.
[40] AOK Rheinland/Hamburg: „Umfrage zeigt: Während Corona geht jeder Zweite häufiger spazieren" https://www.aok.de/pk/rh/inhalt/fast-jeder-zweite-deutsche-geht-in-der-corona-zeit-haeufiger-spazieren/, aufgerufen am 10.02.2022.
[41] Salber, Wilhelm: Morphologie des seelischen Geschehens. Bouvier Verlag Bonn, 2009.

AUFBAU PHASE 1

Thema in Phase 1 war die generelle Wahrnehmung der Landwirtschaft in der Öffentlichkeit und die jeweilige Perspektive auf die andere Bevölkerungsgruppe. Dabei galt es auch, die jeweilige Lebenswelt der Befragten zu verstehen, um die Herkunft ihrer Haltungen und Einstellungen psychologisch nachvollziehen zu können.

Die in Kapitel C dargestellten sechs Narrativ-Konzepte zur möglichen Ausrichtung der Landwirtschaft waren zudem Gegenstand von Phase 1. Dabei wurden alle Konzepte in stets wechselnder Reihenfolge vorgestellt, um Reiheneffekte zu vermeiden, und mit den Befragten in ihrer Grundidee und im Detail besprochen. Das Konzept „Zukunfts-Bauer" ging dabei als „Gewinner" hervor, d. h. es erhielt die meiste Zustimmung. Die Auswertung erfolgte mithilfe der Methodik der psychologischen Morphologie und der narrativen Psychologie.

Für die qualitativ-tiefenpsychologische Befragung wurden in der ersten Phase der Studie insgesamt 22 Verbraucher in Gruppendiskussionen und tiefenpsychologischen Einzelinterviews von je zwei Stunden befragt sowie zehn tiefenpsychologische Einzelinterviews mit Landwirten durchgeführt.

Auf Basis dieser Ergebnisse entstand der Fragebogen für die quantitative Umfrage. Der Fragebogen für Landwirte und Verbraucher war dabei identisch, Unterschiede gab es nur in der Abfrage der demografischen Hintergründe der Befragten. Die Landwirte machten zusätzlich noch Angaben zur Ausrichtung ihres Betriebes. Die Fragen betrafen die grundlegende Einstellung von Verbrauchern und Landwirten zur aktuellen Situation in der Landwirtschaft sowie ihre Wünsche für die Zukunft. Ermittelt wurde zudem der Grad an Zustimmung zu einzelnen Sätzen der Narrativ-Konzepte, die in der qualitativen Befragung eine hohe Zustimmung erreichten. Um eine konkretere Vorstellung davon zu bekommen, was mit einer Zukunftsorientierung der Landwirtschaft gemeint ist, nahm der Fragebogen bereits existierende Zukunftsprojekte der Landwirtschaft auf und erfasste den Grad der Zustimmung.

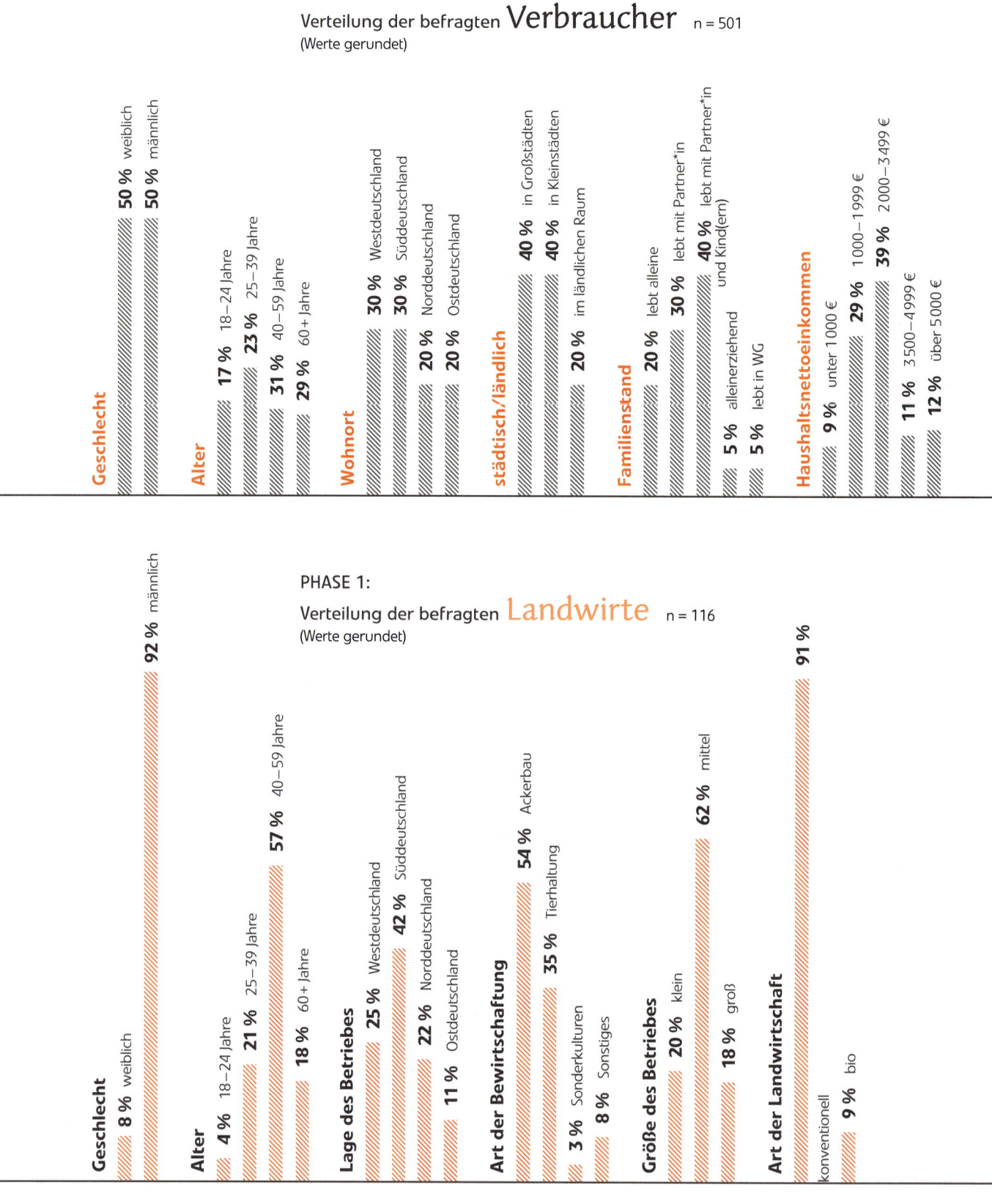

PHASE 1:

Verteilung der befragten Verbraucher n = 501
(Werte gerundet)

Geschlecht
- 50 % weiblich
- 50 % männlich

Alter
- 17 % 18–24 Jahre
- 23 % 25–39 Jahre
- 31 % 40–59 Jahre
- 29 % 60+ Jahre

Wohnort
- 30 % Westdeutschland
- 30 % Süddeutschland
- 20 % Norddeutschland
- 20 % Ostdeutschland

städtisch/ländlich
- 40 % in Großstädten
- 40 % in Kleinstädten
- 20 % im ländlichen Raum

Familienstand
- 20 % lebt alleine
- 30 % lebt mit Partner*in
- 40 % lebt mit Partner*in und Kind(ern)
- 5 % alleinerziehend
- 5 % lebt in WG

Haushaltsnettoeinkommen
- 9 % unter 1 000 €
- 29 % 1 000–1 999 €
- 39 % 2 000–3 499 €
- 11 % 3 500–4 999 €
- 12 % über 5 000 €

PHASE 1:

Verteilung der befragten Landwirte n = 116
(Werte gerundet)

Geschlecht
- 92 % männlich
- 8 % weiblich

Alter
- 4 % 18–24 Jahre
- 21 % 25–39 Jahre
- 57 % 40–59 Jahre
- 18 % 60+ Jahre

Lage des Betriebes
- 25 % Westdeutschland
- 42 % Süddeutschland
- 22 % Norddeutschland
- 11 % Ostdeutschland

Art der Bewirtschaftung
- 54 % Ackerbau
- 35 % Tierhaltung
- 3 % Sonderkulturen
- 8 % Sonstiges

Größe des Betriebes
- 62 % mittel
- 20 % klein
- 18 % groß

Art der Landwirtschaft
- 91 % konventionell
- 9 % bio

PHASE 2:
Verteilung der befragten Verbraucher n = 500
(Werte gerundet)

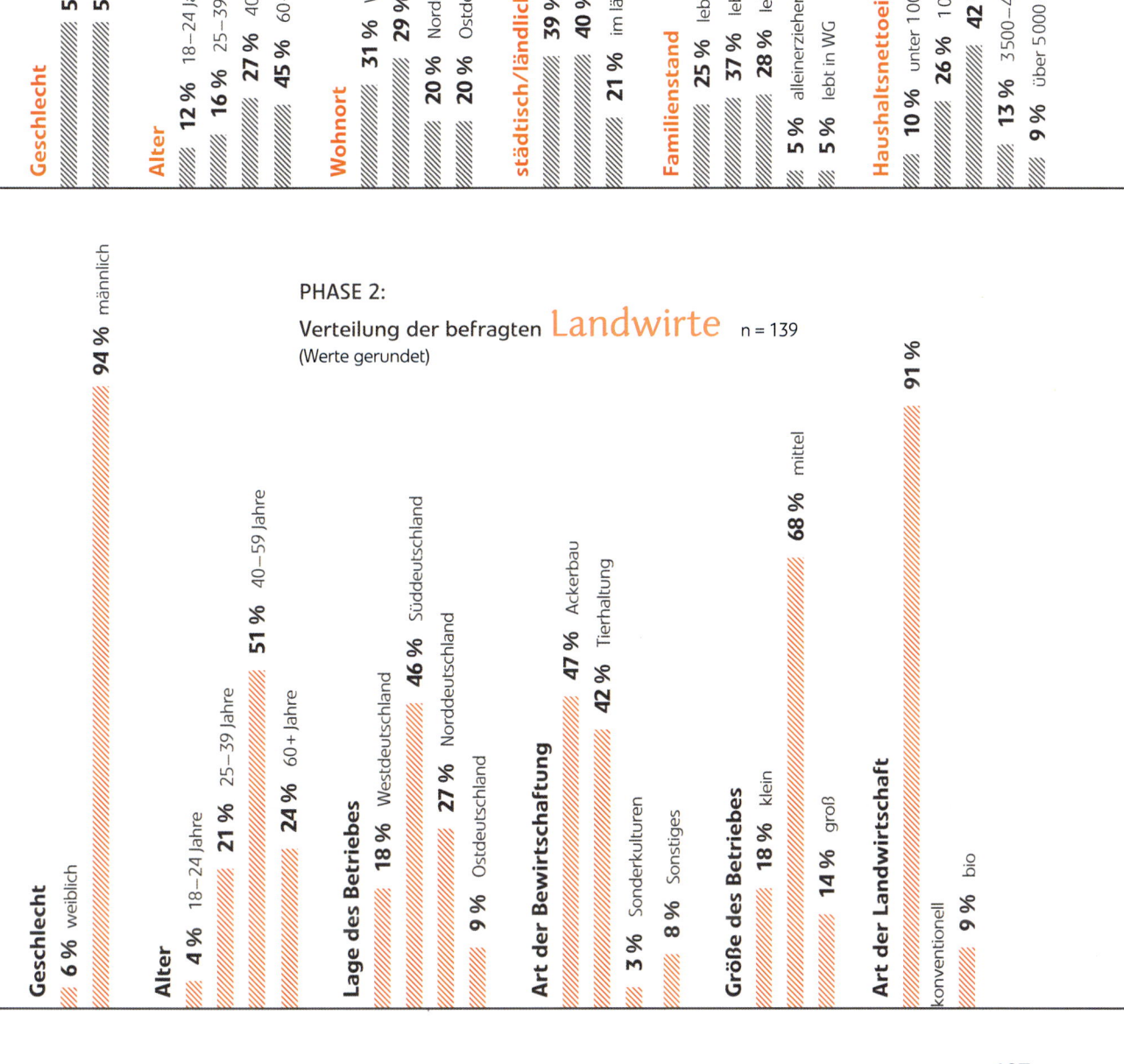

Geschlecht
50 % weiblich
50 % männlich

Alter
12 % 18–24 Jahre
16 % 25–39 Jahre
27 % 40–59 Jahre
45 % 60+ Jahre

Wohnort
31 % Westdeutschland
29 % Süddeutschland
20 % Norddeutschland
20 % Ostdeutschland

städtisch/ländlich
39 % in Großstädten
40 % in Kleinstädten
21 % im ländlichen Raum

Familienstand
25 % lebt alleine
37 % lebt mit Partner*in
28 % lebt mit Partner*in und Kind(ern)
5 % alleinerziehend
5 % lebt in WG

Haushaltsnettoeinkommen
10 % unter 1 000 €
26 % 1 000–1 999 €
42 % 2 000–3 499 €
13 % 3 500–4 999 €
9 % über 5 000 €

PHASE 2:
Verteilung der befragten Landwirte n = 139
(Werte gerundet)

Geschlecht
6 % weiblich
94 % männlich

Alter
4 % 18–24 Jahre
21 % 25–39 Jahre
51 % 40–59 Jahre
24 % 60+ Jahre

Lage des Betriebes
18 % Westdeutschland
46 % Süddeutschland
27 % Norddeutschland
9 % Ostdeutschland

Art der Bewirtschaftung
47 % Ackerbau
42 % Tierhaltung
3 % Sonderkulturen
8 % Sonstiges

Größe des Betriebes
18 % klein
68 % mittel
14 % groß

Art der Landwirtschaft
konventionell 91 %
9 % bio

107

AUFBAU PHASE 2

In der zweiten Phase der Studie sollten die Ergebnisse aus Phase 1 noch einmal verifiziert oder falsifiziert und erweitert werden. Zudem galt es, das Konzept „Zukunfts-Bauer" zu präzisieren. Die Studie integrierte daher die in Kapitel D vorgestellten Themenbereiche in den Fragebogen und überprüfte deren Relevanz für Verbraucher und Landwirte.

Im qualitativen Abschnitt der zweiten Phase wurden jeweils zehn tiefenpsychologische Interviews mit Verbrauchern und Landwirten über je zwei Stunden durchgeführt. Alle Befragten bewerteten die für sie interessantesten und attraktivsten Bereiche in einem Ranking. Über die verschiedenen Themengebiete sollte ermittelt werden, welche Themen in den Mittelpunkt der Narrativ-Konzepte gerückt und wie mögliche Kontaktpunkte zwischen der Landwirtschaft und der nicht in der Landwirtschaft tätigen Bevölkerung geschaffen werden können.

Die Ergebnisse der qualitativen Befragung bildeten wiederum die Grundlage für die Gestaltung des Fragebogens für die quantitative Umfrage. Gegenstand waren die grundlegende Einstellungen der Befragten zur Landwirtschaft, zum Umgang mit der Umwelt, zum Handel mit landwirtschaftlichen Produkten, der Preisgestaltung und der Ausrichtung für die Zukunft. Integriert waren zudem Fragen zur Relevanz der verschiedenen Themenbereiche.

Auftraggeber:
Deutscher Bauernverband
Westfälisch-Lippischer Landwirtschafts-verband e.V. (WLV)

Durchführung:
Lönneker & Imdahl
rheingold salon GmbH & Co.KG

Danksagung

Wir möchten uns sehr herzlich bedanken bei den finanziellen Unterstützern dieser Studie, die uns bei unserer Forschungsarbeit immer freie Hand gelassen haben. Ganz besonderer Dank gilt dabei Hans-Heinrich Berghorn, der immer für die Anliegen dieses Projektes ansprechbar war.

Ganz besonderer Dank gilt zudem Ines Imdahl für den inhaltlichen Austausch und die Expertise. Ohne das fantastische rheingold salon-Team wäre das Projekt „Zukunfts-Bauer" in dieser Form nicht möglich gewesen.

Last but not least bedanken wir uns für die wunderbare Unterstützung durch den Landwirtschaftsverlag in Person von Jana Steghaus und Melanie Suttarp.

Dieses Buch wurde vor Ausbruch des Ukraine-Krieges verfasst. Die Autoren gehen davon aus, dass die Effekte des Krieges die Konflikte rund um die Landwirtschaft weiter verschärfen. Konservative Kräfte drängen zum einen vermutlich darauf, die Versorgungssicherheit durch die Beibehaltung klassischer landwirtschaftlicher Produktionsweisen zu sichern. Zum anderen wird aber die Krise den Druck auf eine stärkere Zukunftsorientierung der Landwirtschaft erhöhen, gerade um die Abhängigkeit von den klassischen Versorgungsstrukturen zu verringern. Das Projekt „Zukunfts-Bauer" erhält dadurch vermutlich eine noch größere Relevanz und Aktualität.